Serbisch für absolute Anfänger

Jasmina Pavković

Serbisch für absolute Anfänger

... kinderleicht für Erwachsene

Übungsbuch mit Lösungen

Schmetterling Verlag

Bibliografische Informationen der Deutschen Nationalbibliothek
Die Deutsche Nationalbibliothek verzeichnet diese Publikation in der Deutschen Nationalbibliografie; detaillierte Daten sind im Internet über http://dnb.d-nb.de abrufbar.

Schmetterling Verlag GmbH
Libanonstr. 72A
70184 Stuttgart
www.schmetterling-verlag.de
Der Schmetterling Verlag ist Mitglied von aLiVe.

ISBN 3-89657-975-4
1. Auflage 2024
Printed in Bulgaria

Satz und Reproduktionen: Schmetterling Verlag
Titelbild: Renegrob (Wikimedia Commons [cc-by-sa-3.0], Bildbearbeitung: Grauenstufen)
Druck: Multiprint, Kostinbrod

Inhalt

Vorlektion

Aussprache und Schreibweise

H1

1. Was hört man? Kreuzen Sie an!

1.	☒ *b*	☐ p	☐ d
2.	☐ c	☐ z	☐ s
3.	☐ dž	☐ đ	☐ č
4.	☐ đ	☐ c	☐ ć
5.	☐ lj	☐ n	☐ nj
6.	☐ v	☐ f	☐ s

H2

2. Welcher Name wird vorgelesen? Hören, entscheiden und sprechen Sie nach!

1. ☐ Sanja ☐ *Tanja*	2. ☐ Ljiljana ☐ Biljana	3. ☐ Stefan ☐ Stevan	4. ☐ Zoran ☐ Goran

H3

3. Vor- und Nachnamen. Hören, wiederholen und ergänzen Sie!

1.	d und t	*D*ijana	*T*ijana
2.	dž und č	. . . . .amić	. . . . .avić
3.	đ und ć	. . . . .irić	. . . . .oković
4.	g und k	Stan. . . . .o	Predra. . . . .
5.	z und s	. . . . .orica	. . . . .anja
6.	ž und š	Milo.	. . . . .arko

4. Schreiben Sie die Namen der deutschsprachigen Schriftsteller in serbischer Schreibweise!

1.	Heinrich Heine	*Hajnrih Hajne*
2.	Arthur Schnitzler	. . . .
3.	Siegfried Lenz	. . . .

Lektion 1

Ćao! (Hallo!)

1. Ergänzen Sie das, was fehlt!

a)

. . . .

b)

Dobar dan!

c)

. . . .

2. Ordnen Sie zu!

gospodin • veče • dan • jutro • žena • muž •
drug • dete • drugarica • ime • gospođa

m	f	n

3. Verbinden Sie!

1. Ćao! Ja *c*
2. Ovo . . . . .
3. Moje . . . . .
4. Kako . . . . .
5. Ti . . . . .

a) si Sanja?
b) se zoveš?
c) *sam Nemanja.*
d) ime je Zorica.
e) je moj drug Stanko.

4. Welches Wort passt nicht in die Reihe?

1. jutro • dan • ćao • veče . . . .
2. muž • žena • dete • gospođa . . . .
3. Zorica • Sanja • ime • Tanja . . . .

Lektion 2

Kako si? (Wie geht es dir?)

1. Was passt? Ordnen Sie zu!

Hvala bogu, dobro smo.	Ja sam dobro, a ti?
Nikola, a ti?	Hvala, dobro je.
On je loše.	Oni su dobro.

1. ■ Kako je Milica?
   □ . . . .

2. ■ Ćao! Kako si?
   □ . . . .

3. ■ Kako si ti, kako je Zorica?
   □ . . . .

4. ■ Kako se zoveš?
   □ . . . .

2. Singular → Plural. Formen Sie die Sätze um!

1. Ja sam dobro, ...	Mi smo dobro,
2. ... a kako si ti?	. . . .
3. Ona je dobro.	. . . .
4. On je loše.	. . . .

3. Was passt? Entscheiden Sie!

1. Ovo . . . . . moja drugarica Ana.	a) ste	b) sam	c) je
2. Ja . . . . . Marko.	a) se zoveš	b) se zovem	c) su
3. Dobar dan, profesore! Kako . . . . .?	a) su	b) sam	c) ste
4. Hvala, ... sam dobro, a ti?	a) ona	b) ja	b) mi
5. Kako . . . . . Nikola i Ana?	a) ste	b) se zoveš	c) su
6. Mi . . . . . dobro,	a) smo	b) ste	c) su
7. a kako ste . . . . .?	a) mi	b) vi	c) oni
8. Ovo je Nikola. . . . . . je moj muž.	a) On	b) Ona	c) Ono

4. Welches Wort passt nicht in die Reihe?

1. Zorica • Ana • Nemanja • Sanja ....
2. žena • muž • dete • drugarica ....
3. Beograd • Srbija • Niš • Novi Sad ....
4. Dobro veče! • Dobar dan! • Ćao! ....
5. mi • moj • moja • moje ....
6. on • ona • ja • ono ....

5. Singular oder Plural? Entscheiden Sie!

1. Ovo je moja .... Milica. a) drugarica b) drugarice
2. Ovo je moj .... Nemanja. a) muž b) muževi
3. Gospodin Ilić je moj .... a) profesor b) profesori
4. Danilo i Marko su .... a) drug b) drugovi
5. Nemanja i Milica su muž i .... a) žena b) žene
6. Nilola i Nemanja su dobri .... a) muž b) muževi
7. Ovo je ....Svetlana, moja .... a) gospođa, drugarica
   b) gospođe, drugarice

6. Bilden Sie Sätze nach folgendem Muster!

1. Mihajlo – žena Melanija
   Ja sam Mihajlo, a ovo je moja žena Melanija.
2. Svetlana – drugarica Vesna

   ....
3. Marija – drug Dejan

   ....
4. Dejan – tetka Zorica

   ....

5. Milica – muž Nemanja

. . . .

6. Milena – profesor

. . . .

Lektion 3

Cimer Stanko (Der Mitbewohner Stanko)

1. Bilden Sie den Singular und ordnen Sie die Wörter der Tabelle zu!

Singular	Plural	Singular	Plural
1. žena	. . . .	2. soba	. . . .
3. cimerka	. . . .	4. kuhinja	. . . .
5.	profesori	6	balkoni
7.	drugovi	8. kupatilo	. . . .
9. muž	. . . .	10. stan	. . . .

2. Was passt? Manchmal gibt es zwei Möglichkeiten.

1. Ko je to?
   a) ☐ Kuhinja.
   b) ☐ Moja drugarica Tanja.
   c) ☐ Moj stan.

2. Mihajlo je dobar drug.
   a) ☐ Da, to je tačno.
   b) ☐ Da, on je dobar.
   c) ☐ Da, on je mali.

3. Gde je moja soba?
   a) ☐ Ovde.
   b) ☐ Tamo.
   c) ☐ Dobro.

4. Šta je to?
   a) ☐ Soba
   b) ☐ Moj muž.
   c) ☐ Nikola, moj muž.

5. Hm, stan je prilično mali.	6. Kako si?
a) ☐ Da, gore.	a) ☐ Loše.
b) ☐ Da, tačno.	b) ☐ Jako.
c) ☐ Da, dole.	c) ☐ Jako loše.

3. Welche Räume sind das? Erraten Sie das Nomen!

1. **s**oba, **f**
Raum, der zum Schlafen, Sitzen usw. dient

2. **k** . . . .
Raum, der zum Baden gedacht ist

3. **k** . . . .
Raum, in dem man kocht

4. **h** . . . .
Gang mit verschiedenen Türen

4. Ergänzen Sie die passende Form!

1. Đole[1] je . . . . mačak.	lep, lepa, lepo
2. Marko je . . . . drug.	dobar, dobra, dobro
3. Zorica je . . . . žena.	lep, lepa, lepo
4. Mali Žarko je . . . . dete.	dobar, dobra, dobro

1. Kuhinja je	mali, mala, malo
2. Kupatilo je	mali, mala, malo
3. Balkon je	velik, velika, veliko
4. Soba je mnogo	lep, lepa, lepo

1. Marija i Darija su . . . . devojke.	lepi, lepe, lepa
2. Marko i Darko su . . . . prijatelji.	veliki, velike, velika
3. Ana i Zorica su . . . . prijateljice.	dobri, dobre, dobra
4. Kuhinja je velika, ali sobe su	mali, male, mala

1 Đole – Kosename für Đorđe

5. Wie lautet das Gegenteil?

1. levo	.....	a)	tamo
2. ovde	.....	b)	lepo
3. dobro	.....	c)	loše
4. malo	.....	d)	veliko
5. ružno (häßlich)	.....	e)	desno

Welche der obigen Adjektive antworten auf die Frage: *Kako si?*

6. Ergänzen Sie das passende Wort!

dobro • kupatilo • gde • tamo

1. Ovde je kuhinja, a .... je kupatilo.
2. A .... je soba?
3. Ja sam ...., a kako si ti?
4. Gde je ....?

7. Stellen Sie Fragen!

1. *Kako ste?*	Ja sam dobro, a Vi?
2.	To je mačak Đole.
3.	Kupatilo je ovde.
4.	Ana je dobro, hvala bogu.
5.	To je kupatilo.
6.	Ja se zovem Milica, a ti?

8. Welches Wort passt nicht in die Reihe?

1. hodnik • balkon • soba • kuhinja ....
2. ko • šta • kako • gde • ovde ....
3. cimer • drug • mačak • muž ....
4. dobro • ovde • tamo • levo • desno ....

9. Welches Wort passt? Ergänzen Sie!

kuhinja • Tamo • je • velika • dan • dobra • ime

1. Dobar . . . . ! Moje . . . . je Stefan. Ovo . . . . moja cimerka Tanja. Tanja je . . . . i lepa.

2. Ćao! Izvoli uđi! Ovo je . . . ., a ovo je soba. Soba je . . . ., a kuhinja je mala. . . . . je balkon.

Lektion 4

Halo, ko je? (Hallo, wer ist dran?)

I. Erledigen Sie folgende Aufgaben.

1.1 Was passt? Ergänzen Sie das passende Wort! (Aufgepasst, es bleiben Wörter übrig.)

kuća • telefon • stan • *muž* • drugarica • mačka • soba • kupatilo • dete

a)

muž

b)

. . . .

c)

. . . .

d)

. . . .

e)

. . . .

f)

. . . .

1.2 *Moj, moja, moje?* Bilden Sie Satze nach folgendem Muster!

Frau Ilić sagt: a) *Ovo je moj muž.* b) . . . .

c) . . . . d) . . . .

e) . . . . f) . . . .

2. *Tvoj, tvoja, tvoje?* Fragen und antworten Sie!

1.	drug Nemanja	*Kako je tvoj drug Nemanja?*	*Dobro.*
2.	tetka Milica	. . . .	. . . .
3.	brat Darko	. . . .	. . . .
4.	žena Ana	. . . .	. . . .
5.	dete	. . . .	. . . .

3. *Njegov, njegova, njegovo? Njen, njena, njeno?* Ergänzen Sie das Possessivpronomen!

1. . . . . ime je Svetlana.

Ovo je . . . . prijatelj Darko, a ovo je . . . . prijateljica Ana.

2. . . . . ime je Stanko.

Ovo je . . . . cimerka Sanja, a a ovo je . . . . cimer Marko.

4. Was passt? Ordnen Sie zu!

Jesam.	Tvoja drugarica Ana.	Jesi.
Ana je moja drugarica.	Dobro.	Laku noć!
Kod kuće.	Jeste.	Dobro veče!

1. ■ Ko je to?

   □ . . . .

2. ■ Ćao, gde si?

   □ . . . .

3. ■ Je li Milica tu?

   □ . . . .

4. ■ Jesi li dobro?

   □ . . . .

5. ■ Kako si!

   □ . . . .

6. ■ Laku noć!

   □ . . . .

5. Antworten Sie immer positiv.

1. Nemanja, jesi li to ti? *Jesam.*
2. Tetka Vesna, jeste li to Vi? . . . .
3. Ana, Sanja, jeste li to vi? . . . .
4. Marko, jesi li to ti? . . . .
5. Profesore, jeste li to Vi? . . . .
6. Ana, je li ovo tvoj muž Nikola? . . . .

6. Erledigen Sie folgende Aufgaben.

6.1 Vervollständigen Sie die Tabelle!

m	
Sg.	**Pl.**
prijatelj	prijatelji
cimer	cimeri
drug	
mačak	mački
muž	

f	
Sg.	**Pl.**
prijateljica	prijateljice
cimerka	
drugarica	drugarice
mačka	
žena	žene

m	
Sg.	**Pl.**
otac	očevi
brat	braća

f	
Sg.	**Pl.**
majka	
sestra	

6.2 Ergänzen Sie die Endungen und setzen Sie die passenden Nomen aus der Tabelle ein!

1. Marko je moj . . . . .. **p**. . . . .
2. Zorica je moj . . . . . **p**. . . . .
3. Jesu li Milena i Zorica tvoj . . . . . **d**. . . . .?
4. Je li Đole tvoj . . . . . **m**. . . . .?
5. Jesu li Ana i Sanja tvoj . . . . . **c**. . . . .?
6. Ovo je Nemanja. Njegov . . . . . **ž**. . . . . je Milica.
7. Ovo je Ana. Njen . . . . . **m** . . . . se zove Nikola.
8. Ovo je moj . . . . . **p**. . . . . Danilo, a ovo je njego . . . .
   o. . . . . Darko.

7. Ergänzen und antworten Sie immer positiv!

1. Je li ovo Nemanja? *Jeste.*
2. . . . . . li ovo Milica? . . . .
3. . . . . . li Nemanja i Milica muž i žena? . . . .

1. . . . . . li ovo ti? . . . .
2. . . . . . li ovo Milena? . . . .
3. . . . . . li ti i Milena prijateljice? . . . .

Lektion 5

Nova cimerka (Die neue Mitbewohnerin)

1. Bilden Sie die richtigen Formen der Possessivpronomen.

1.	moj → čaša • flaša	*moja čaša, moja flaša*
2.	tvoj → kupatilo • stan	....
3.	njegov → žena • dete	....
4.	njen → muž • dete	....
5.	njihov → sestra • brat	....
6.	naš → kuće • stanovi	....
7.	vaš → drugovi • drugarice	....
8.	Vaš → ime • prezime (Nachname)	....

2. Duzen und siezen Sie!

1.	tetka Milica	*Kako je tvoja tetka Zorica?*	*Kako je Vaša tetka Zorica?*
2.	brat Danilo	....	....
3.	otac	....	....
4.	majka	....	....

3. Was passt? Ergänzen Sie!

njegov • njen • njihovo • moj • njihova • njegova • vaša • naši

1. Ovo je Marko, a ovo je *njegov* mačak Đole.
2. Ovo je Stanko, a ovo je .... devojka Ana.
3. Ovo su Marko i Stanko, a ovo je .... cimerka Sanja.
4. Ovo je Zorica, a ovo je .... brat.

5. Ovo smo . . . . .muž i ja, a ovo su Stefan i Nemanja, ... drugovi.
6. Ovo su Stefan i Darija, a ovo je mali Žarko, ... dete.
7. Ovo ste ti i Milica, a ovo je . . . . ćerka.

4. Erraten Sie das Nomen!

1. **sto, m**
   ein Möbelstück, an dem man isst oder arbeitet
2. **n**. . . . .
   kleine Tasche für Geld
3. **o**. . . . .
   ein Stift zum Schreiben oder Zeichnen
4. **m**. . . . .
   kleines tragbares Telefon
5. **č**. . . . .
   ein Trinkgefäß, das (meist) aus Glas ist
6. **s**. . . . .
   ein Möbelstück, an dem man sitzt

5. *Čiji, čija, čije?* Fragen und antworten Sie!

1. mobilni → Sanja *Čiji je ovo mobilni?* *Sanjin.*
2. punjač → Ana . . . .
3. novčanik → Ivan . . . .
4. torba → moj . . . .
5. čaša → Vaš . . . .
6. flaše → Stefan . . . .
7. papiri → Andrej . . . .
8. šolja → tvoj . . . .

6. Was passt? Manchmal gibt es zwei Möglichkeiten.

1. Je li ovo tvoja olovka?

a) ☐ Jeste.
b) ☐ Vaša.
c) ☐ Nije.

2. Gde je moj punjač?

a) ☐ Dobro.
b) ☐ Tamo.
c) ☐ Mnogo..

3. Čiji je ovo papir?

a) ☐ Moj.
b) ☐ Markovo.
c) ☐ Stankov.

4. Izvoli, sedi!

a) ☐ Moim.
b) ☐ Hvala.
c) ☐ Loše.

7. Bestimmen Sie die Verwandtschaftsbeziehungen!

sestra • majka • ćerka • otac • brat • sin

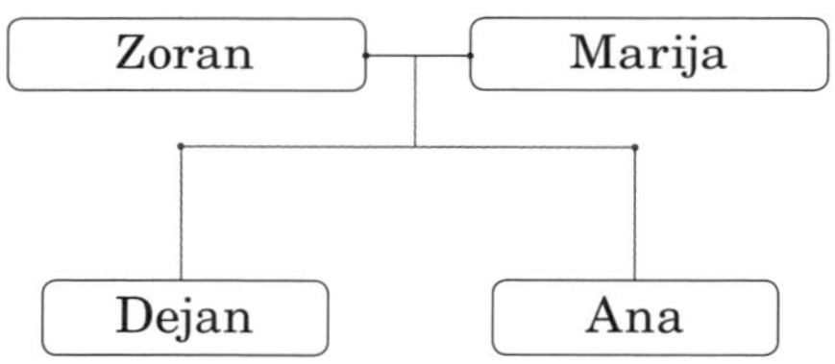

1. Zoran je Dejanov i Anin otac.
2. Marija je Dejanova i Anina . . . .
3. Ana je Dejanova . . . . Dejan je njen . . . .
4. Dejan je Zoranov i Marijin . . . .
5. Ana je Zoranova i Marijina . . . .

8. Aufgabe zum Dialog auf S. 39 f. im Lehrbuch. Richtig oder falsch? *Tačno (t), netačno (n)?*

1. Stanko je Sanjin momak (Freund). ☐ t ☐ n
2. Marko je Stankov sused (Nachbar). ☐ t ☐ n
3. Stanko i Marko su Sanjini cimeri. ☐ t ☐ n
4. Na stolu (Auf dem Tisch) je Sanjin mobilni. ☐ t ☐ n

9. *Jeste, nije, jesu, nisu?* Antworten Sie kurz!

a)

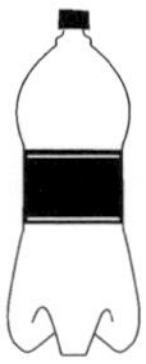

flaša

b)

torba

c)

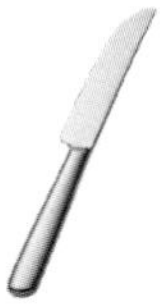

nož

d)

telefon

e)

2 stolice

f)

vrata

a) Je li ovo čaša? *Nije.*

b) Je li ovo torba? . . . .

c) Je li ovo viljuška? . . . .

d) Je li ovo telefon? . . . .

e) Jesu li ovo sto i stolica? . . . .

f) Je li ovo prozor? . . . .

10. Geben Sie eine kurze Antwort!

1. Kako se zoveš? . . . .
2. Jesi li ti Ivanov brat / Ivanova sestra? . . . .
3. Je li Marko tvoj cimer? . . . .
4. Je li Sanja tvoja cimerka? . . . .
5. Jesi li dobro? . . . .

Lektion 6

Sasvim običan dan (Ein ganz normaler Tag)

1. Ergänzen Sie die fehlenden Formen des Verbs *hteti*!

Sg.	1. ja		neću
	2. ti	hoćeš	nećeš
	3. on, ona, ono		
Pl.	1. mi	hoćemo	nećemo
	2. vi	hoćete	
	3. oni, one, ona		

Hf.	Vi	hoćete	

2. Antworten Sie positiv (+) oder negativ (–)!

1. Marko, hoćeš li kafu? — Hvala, neću. (-)
2. Danilo, hoćeš li čaj? — Hvala, ... (+)
3. Momci, hoćete li pivo? — . . . . (+)
4. Devojke, hoćete li vino? — Hvala, ... (-)
5. Doktore, hoćete li rakiju? — . . . . , hvala. (+)
6. Mama, hoćeš li sok? — Hvala, ... (-)

3. Nominativ oder Akkusativ? Kreuzen Sie an!

1. Hoćeš li **kafu**? ☐ Nominativ ☐ Akkusativ
2. Je li ovo moj **čaj**? ☐ Nominativ ☐ Akkusativ
3. Molim jedan **sok**. ☐ Nominativ ☐ Akkusativ
4. Izvoli **kafu**. ☐ Nominativ ☐ Akkusativ
5. Ovo je tvoj **tanjir**, izvoli. ☐ Nominativ ☐ Akkusativ
6. Mama, tata! Hoću **brata**. ☐ Nominativ ☐ Akkusativ
7. Je li ovo tvoja **šolja**? ☐ Nominativ ☐ Akkusativ

4. Welches Wort passt nicht?

1. vino • sok • čaša • voda . . . .
2. pivo • vino • sok • čaj . . . .
3. šollja • kafa • tanjir • čaša . . . .
4. rakija • vino • sok • konjak . . . .

5. Ko šta neće? Ko šta hoće? Bilden Sie Sätze wie im Beispiel!

Ceca[2], 30, …

1.	neće stan, hoće kuću.	stan (-)	kuća (+)
2.	. . . .	prijatelj (-)	muž (+)
3.	. . . .	mačka (-)	dete (+)

Ivan, 21, …

1.	. . . .	kuća (-)	stan (+)
2.	. . . .	cimer (-)	cimerka (+)
3.	. . . .	žena (-)	devojka (+)

Aleksandar, 4, und Stefan, 6, …

1.	. . . .	brat (-)	sestra (+)

6. Erraten Sie das Nomen!

1. **t** . . . .

   Je li ovo tvoj . . . . ?

   Gde je moj mobilni . . . .?

2. **b** . . . .

   Ovo je Knez Mihajlova . . . . pet?

   Moj . . . . telefona je 32 41 55.

3. **s** . . . .

   Izvinite, je li to . . . . Ilić?

   Neću kuću; hoću . . . .

4. **t** . . . .

   Je li Danilo kod kuće?

   Jeste. Samo . . . .

---

2 Ceca – Kosename für Svetlana

5. v. . . . .

Jao, kakvo ružno . . . .!

Baš je lepo . . . .

6. a . . . .

Dobar dan! Je li to . . . . Spektar?

Jeste. Izvolite!

7. Was passt? Manchmal gibt es zwei Möglichkeiten.

1. Dobar dan, Ilić ovde. Je li to agencija Spektar?

a) ☐ Ne, ovo je privatan stan.
b) ☐ Da, izvinite.
c) ☐ Da, izvolite.

2. Dobar dan, Anja ovde. Je li Sanja tu?

a) ☐ Jeste, samo trenutak.
b) ☐ Momenat.
c) ☐ Molim lepo.

3. Izvinite, je li to broj 44 35 28?

a) ☐ Ne, ovo su brojevi 44 35 38.
b) ☐ Da, njegov broj je 44 35 28.
c) ☐ Ne, ovo je broj 44 35 38.

4. Oprostite, krivi broj!

a) ☐ Baš dobro.
b) ☐ Ništa zato.
c) ☐ Zato.

8. Tragen Sie die Zahlen und Zahlwörter ein!

a) . . . . . pet
b) . . . . . tri
c) . . . . . dva
d) . . . . . osam
e) . . . . . četiri

f) 6 . . . .
g) 10 . . . .
h) 1 . . . .
i) 7 . . . .
j) 9 . . . .

9. Welche Zahl folgt? Ergänzen Sie!

1. četiri pet . . . .
2. osam devet . . . .
3. nula jedan . . . .
4. pet šest . . . .
5. sedam osam . . . .
6. tri dva . . . .
7. deset devet . . . .

Lektion 7

Jedan radni dan (Ein Arbeitstag)

1. Ergänzen Sie die fehlenden Formen des Verbs *hteti!*

Sg.	1. ja		
	2. ti	ćeš	
	3. on, ona, ono		neće
Pl.	1. mi		nećemo
	2. vi	ćete	
	3. oni, one, ona		
Hf.	Vi	ćete	

2. Formulieren Sie Fragen!

2.1 Sie haben Besuch und bieten einer oder mehreren Personen ein Getränk an:

1. ti – kafa *Hoćeš li kafu?*
2. Vi – čaj . . . .
3. vi – pivo . . . .

2.2 Sie entscheiden sich für ein Getränk und fragen eine oder mehrere Personen, was sie trinken wollen.

1. ja – rakija – vi *Ja ću rakiju. Šta ćete vi?*
2. ja – sok – ti . . . .
3. ja – vino – Vi . . . .

3. Was wollen Sie? Was wollen Sie nicht? Bilden Sie Sätze!

1. kafa – čaj *Hoću kafu, neću čaj.*
2. burek – pica . . . .
3. pljeskavica – ćevapi . . . .
4. vino – voda . . . .

4. Antworten Sie frei!

1. Ja ću ražnjiće. Šta ćeš ti? ....
2. Šta će Filip? Kafu ili čaj? ....
3. Hoćeš li pivo? ....
4. Ja neću ništa, a ti? ....

5. Erledigen Sie die folgenden Aufgaben.

5.1 Ordnen Sie die Wörter in der Tabelle ein!

kisela voda • čaša • ćevapi • sok • pivo • šolja • ražnjići • tanjir • viljuška • pljeskavica • rakija • mleko

jela (Speisen)	pića (Getränke)	posuđe (Geschirr)
ćevapi		

5.2 Wählen Sie aus dem obigen Kasten ein paar Wörter aus und bilden Sie Sätze!

1. *Ja ću ćevape. Šta ćeš ti?*
2. ....
3. ....
4. ....
5. ....

6. Bringen Sie die Sätze in die richtige Reihenfolge!

Samo trenutak. Vaš pasoš molim. ☐
Dobar dan, izvolite. *1*
Hvala. ☐
Dobar dan, ja sam M. N. Imam za danas rezervisanu sobu. ☐
Izvolite. ☐

7. Jeder Gast bekommt ein anderes Zimmer. Schreiben Sie Sätze wie im Beispiel!

1. sprat levo

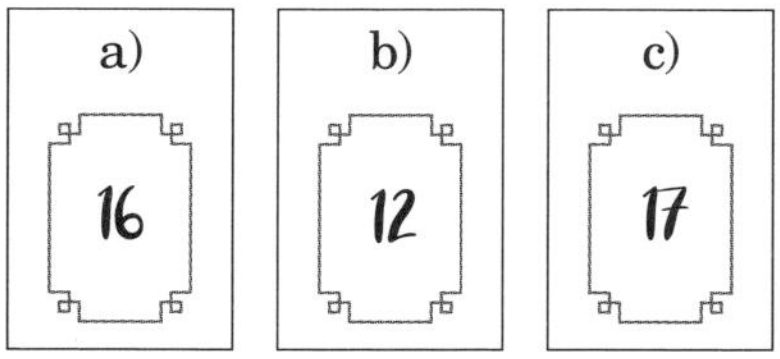

1. sprat desno

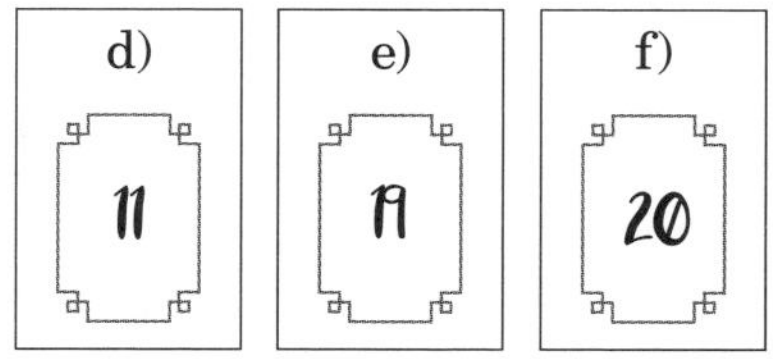

a) *Izvolite ključ. Soba broj šesnaest, prvi sprat levo.*

b) . . . .

c) . . . .

d) . . . .

e) . . . .

f) . . . .

HI

8. Welche Zahl hört man? Notieren Sie!

a) . . . . . b) . . . . . c) . . . . . d) . . . . . e) . . . . .

f) . . . . . g) . . . . . h) . . . . . i) . . . . . j) . . . . .

9. Welches Wort passt? Ergänzen Sie!

zato • ništa • hotel • burek • ime • mleko • stan

1. Dobar dan, moje . . . . je Nikolić? Je li to . . . . Moskva?

   Ne, ovo je privatan . . . .
   Oprostite!

   Ništa . . . .

2. Ja ću . . . . Šta ćete vi?

Ja ću kiflu i kiselo . . . .

Ja neću . . . .

Test I

HI

1. Hören Sie die Texte und entscheiden Sie, welche Antwort richtig oder falsch ist! *Tačno (t), netačno (n)?* (Sie hören jeden Text zweimal.)

1. Tanja nije kod kuće. ☐ t ☐ n
2. Danas je lep dan. ☐ t ☐ n
3. Stankov broj telefona je 065 8641327. ☐ t ☐ n
4. Mile[3] je lep mačak. ☐ t ☐ n

2. Lesen Sie den Text.

Dobar dan!
Moje ime je Milan Pavlović. Ja sam student. Ovo je moj brat Dejan, a ovo su moje sestre Svetlana i Ivana. Moji roditelji (Eltern): Dragiša i Dragica Pavlović danas nisu ovde.

1. Kako se zove Milanova majka?
   a) Ivana b) Jovana c) Dragica

2. Ko je Svetlana?
   a) Milanova majka b) Milanova sestra c) Milanova tetka

3. Kako se zove Milanov otac?
   a) Dejan b) Predrag c) Dragiša

3 Mile – Kosename für Milan oder Milutin

3. **Stellen Sie nun sich und Ihre Familienmitglieder vor. Schreiben Sie einen kurzen Text!**

Ja se zovem ... / Moje ime je ...
Moje otac ...

Ja otac, majka brat, sestra	Ja muž, žena sin, ćerka

4. **Sprechen Sie!**

4.1 Monolog. Geben Sie folgende Informationen zu Ihrer Person an: ime i prezime, broj telefona.

4.2 Dialog. Stellen Sie passende Fragen und antworten Sie sinngemäß!

■ *Čija je ovo kuća?* □ *Moja.*
■ *Je li ovo tvoja kuća?* □ *Nije.*

....

a)

b)

c)

d)

5. **Welche Antwort ist richtig?**

1. Ja . . . . . Dejan, a ovo je Milan.
   a) si b) su c) sam

2. Ovo . . . . . moji drugovi Marko i Danilo.
   a) smo b) ste c) su

3. Ja sam Ana, a ovo je . . . . . muž Nikola.
   a) moj b) moja c) moje

4 Ovo je Dušan, a ovo je . . . . . sestra Ivana.
a) njihova b) njena c) njegova

5. Milica je . . . . . devojka.
a) dobar b) dobro c) lepa

6. Žarko je dobro . . . . . .
a) drug b) dete c) cimer

7. . . . . . je to? – Flaša.
a) gde b) šta c) ko

8. Čiji je ovo stan? – . . . . . .
a) Anin b) Anina c) naša

9. . . . . . li ti Stefanov brat? – Jesam.
a) Je b) Jesi c) Si

10. Hoćeš li pivo? – Hvala, ...
a) hoćeš b) ću c) neću

11. Hoću . . . . ., neću čaj.
a) voda b) kafu c) rakija

12. Mali Žarko hoće . . . . . i . . . . . .
a) sestru, brata b) sestra, brat c) sestru, brat

6. Ergänzen Sie die fehlenden Satzteile!

1 Guten Morgen, Onkel Darko! Wie geht es Ihnen?

Dobro . . . ., čika Darko! . . . . ste?

2. Mein Name ist Stefan. Wie heit du?

Moje . . . . je Stefan. Kako se ti . . . .?

3. Wer ist das? - Meine Mitbewohnerin Tanja.

. . . . je to? – Moja . . . . Tanja.

4. Ist das dein Kater? – Nein, das ist Markos Kater.

   Je li ovo . . . . mačak? – Ne, to je . . . . mačak.

5. Entschuldigung, ist das Ihre Tasche? – Nein, das ist nicht meine Tasche.

   . . . ., je li ovo . . . . torba? – Ne, to . . . . moja torba.

6. Möchtest du ein Bier? – Ja, danke.

   Hoćeš li . . . .? – Hoću, ...

Lektion 8

Šta radiš? (Was machst du?)

I. Ordnen Sie die Wörter in der Tabelle ein!

knjiga • ~~radio~~ • muzika • televizija • film • piće • jelo • ručak • pasulj • kuhinja • kuća • posao

m	f	n
radio		

2. Tragen Sie den Infinitiv ein.

1.	mi spremamo	*spremati*	6.	mi	čitamo	....
2.	ja imam	....	7.	ti	slušaš	....
3.	vi morate	....	8.	vi	spavate	....
4.	ona kuva	....	9.	on	pegla	....
5.	one gledaju	....	10.	ja	znam	....

3. Jeder ist schon wach, nur Đole schläft noch. Wählen Sie die richtige Form!

1.	Milena *pegla*.	a) pegla	b) je	c) peglate
2.	Sanja i Stanko .... ručak.	a) spremaš	b) sprema	c) spremaju
3.	.... kuva kafu.	a) Ja	b) Vi	c) Marko
4.	Ti .... knjigu.	a) čitam	b) čitaš	c) čita
5.	Ja .... muziku.	a) slušam	b) slušaš	c) sluša
6.	.... gledamo film.	a) Vi	b) Ana i ja	c) Ana
7.	Samo Đole još	a) spavaš	b) spava	c) spavaju

4. Milica hat viele Fragen. Antworten Sie positiv und negativ!

1.	Spavaš li?	*Spavam.*	*Ne spavam.*
2.	Jesi li dobro?	....	....
3.	Znaš li gde je moj mobilni?	....	....
4.	Moraš li danas na posao?	....	....
5.	Hoćeš li kafu?	....	....
6.	Imaš li cigaretu?	....	....

5. Bilden Sie Sätze! Es gibt mehrere Kombinationen.

gledati • slušati • čitati spremati • kuvati • spavati

muzika • pasulj • film • kafa • ručak • jelo • televizija • knjiga • radio • tvitovi

1. Ana i Nikola *gledaju televiziju.*
2. Sanja . . . .
3. Profesor Ilić . . . .
4. Stanko i Marko . . . .
5. Gospođa Stanić . . . .
6. Ivanova žena . . . .
7. Ti . . . .
8. Vi . . . .
9. Holger i ja . . . .

6. Ergänzen Sie das fehlende Wort!

1.	film : gledati	muzika: *slušati*
2.	pasulj: jelo	vino: . . . .
3.	tvit : tvitovi	film: . . . .
4.	dan : raditi	noć: . . . .
5.	ručati: ručam	čitati: . . . .
6.	brat: sestra	tata: . . . .
7.	on: gospodin	ona: . . . .
8.	sad(a): kad(a)	ovde: . . . .

7. Aufgabe zum Dialog (Lehrbuch, S. 59 f.). Welche Antwort ist richtig oder falsch? *Tačno* (t), *netačno* (n)?

1.	Marko dobro kuva.	☐ t	☐ n
2.	Marko dobro kuva pasulj.	☐ t	☐ n

3. Marko danas sprema ručak. ☐ t ☐ n
4. Markovi cimeri su kod kuće. ☐ t ☐ n
5. Marko i Danilo uveče idu u bioskop (Kino). ☐ t ☐ n

8. Was passt? Ordnen Sie zu!

Hoće.	Znam.	Ništa posebno. A ti?
Neće.	Ne znam. Valjda (wahrscheinlich) spava.	Ništa zato.
Može.	Ne spava.	Malo kasnije.
Knjiga.	Pasulj.	Novine.

1. ■ Ćao, šta radiš?
☐ . . . .

2. ■ Gde je Milica?
☐ . . . .

3. ■ Šta kuvaš?
☐ . . . .

4. ■ Šta čitaš?
☐ . . . .

5. ■ Hoćemo li na piće?
☐ . . . .

6. ■ Kad ćemo na piće?
☐ . . . .

9. Ergänzen Sie das fehlende Zahlwort!

1.	pet	šest	. . . .	osam
2.	dva	. . . .	četiri	pet
3.	dese	jedanaest	dvanaest	. . . .
4.	četrnaest	petnaest	. . . .	. . . .
5.	deset	devet	. . . .	. . . .
6.	sedamnaest	. . . .	. . . .	dvadeset
7.	tri	. . . .	. . . .	šest
8.	trinaest	dvanaest	. . . .	. . . .

Lektion 9

Poseta (Besuch)

I. Erledigen Sie die folgenden Aufgaben.

1.1 Ordnen Sie die Verbformen der entsprechenden Person zu!

dođe • idem • jedemo • pijete • dođem • ideš • može • kažu • putuju • hoćeš • jedem • piju

1	2	3	4	5	6
ja	**ti**	**on, ona, ono**	**mi**	**vi, Vi**	**oni, one, ona**
idem *dođem* *jedem*					

1.2 Wie heißt der Infinitiv der obigen Verben?

1. *ići, doći, jesti* 2. . . . .
3. . . . . 4. . . . .
5. . . . . 6. . . . .

2. Piti, jesti ili ići? Ergänzen Sie das passende Verb!

1. Milena . . . . čaj, a ja . . . . kafu.
2. Kuda (ti) . . . .?
3. Šta (ti) . . . ., kafu ili sok?
4. Ana i Nikola . . . . pasulj.
5. Hvala, ja ne . . . . meso (Fleisch).
6. Mi . . . . samo povrće (Gemüse).
7. U petak (ja) . . . . u Beograd.

8. Milica i Nemanja . . . . u prodavnicu.

9. Kada (Vi) . . . . u Niš?

10. Hvala, (mi) ne . . . . alkohol.

3. Bilden SIe Fragesätze! Benutzen Sie *keine* Personalpronomen!

1. (vi) • kada   *Kada možete doći?*
2. (ti) • kada   . . . .
3. (mi) • kada   . . . .
4. (ja) • kada   . . . .

4. Bilden Sie Aussagesätze! Benutzen Sie Personalpronomen!

1. mi • danas – sutra
   Mi ne možemo doći danas, ali možemo doći sutra.
2. ja • sada – posle

   . . . .
3. Ana • popodne – uveče

   . . . .
4. mi • ujutru – popodne

   . . . .
5. Milica i Nemanja • u subotu – u nedelju

   . . . .

5. Ergänzen Sie das passende Verb im Präsens!

gledati • jesti • pričati (reden) • piti • čitati • slušati • putovati • biti

Ein Mann und eine Frau sitzen in einem Bahnhofscafé:

1. On je lep. I ona je lepa.
2. On . . . . kafu. Ona . . . . sok.
3. On . . . . sendvič. Ona ne . . . . ništa.
4. On ide u Novi Sad. Ona . . . . u Budimpeštu.

Später im Zug:

1. On . . . . film. Ona sluša muziku.
2. On priča. Ona . . . .
3. On spava. Ona . . . . knjigu.

6. Formulieren Sie Fragen und Antworten!

a)

Marko: pekara

b)

Marija: mesara

c)

Mihajlo: prodavnica

d)

Ana i Nikola: pijaca

1. *Kuda ide Marko?* – *U pekaru.*
2. . . . .
3. . . . .
4. . . . .

7. Welches Wort passt nicht?

1. sreda • četvrtak • nedelja • petak . . . .
2. pekara • hotel • mesara • pijaca . . . .
3. ujutru • popodne • sutra • uveče . . . .
4. ići • jesti • piti • ručati . . . .
5. danas • sutra • prekosutra • popodne . . . .

8. Erraten Sie die fehlende Präposition!

1. . . . .

Stanko ide . . . . . pijacu.

Hoćemo li . . . . . piće?

2. . . . .

Jesi li . . . . . piće?

Imaš li čaše . . . . . pivo.

3. . . . .

Idem . . . . . pekaru.

Kad putuješ . . . . . Beograd?

4. . . . .

Dobar dan. Je li Marko . . . . . kuće?

– Jeste. Samo trenutak.

Lektion 10

Žurka (Party)

1. Koje su ovo države? Ergänzen Sie!

Francuska • Nemačka • Italija • Srbija • Mađarska • Austrija • Rusija • Turska

a)

. . . .

b)

. . . .

c)

. . . .

d)

. . . .

e)

. . . .

f)

. . . .

g)

. . . .

h)

. . . .

2. Fragen und antworten Sie! Odakle su ovi ljudi? (Woher kommen diese Menschen?)

1. Džon: London — *Džon je iz Londona.*
2. Mišel: Pariz — . . . .
3. Marko i Stanko: Beograd — . . . .
4. Janoš: Budimpešta — . . . .
5. Đina i Mauro: Italija — . . . .
6. Pablo: Španija — . . . .
7. Jan: Beč — . . . .

8. Milena i Ana: Srbija . . . .

9. Takaši: Japan . . . .

10. Vi: ? . . . .

3. Was passt? Ordnen Sie zu!

Arhitektura.	Čitam.	Fantastična.
Minhen.	Slušam.	Medicinu.
Iz Berlina.	Da, jako loša.	Studira.
Ne, ja sam iz Minhena.	Drago mi je. Ja sam Filip.	Studiram.

1. ■ Inače, ja sam Stefan?
   □ . . . .

2. ■ Odakle je tvoja drugarica?
   □ . . . .

3. ■ Šta studira tvoj brat?
   □ . . . .

4. ■ Šta radiš u Beogradu?
   □ . . . .

5. ■ Ti nisi iz Srbije, zar ne?
   □ . . . .

6. ■ Super žurka, zar ne?
   □ . . . .

4. Ergänzen Sie die Präposition *bez, iz, kod, kraj, od,* oder *sa.*

1. A: Odakle si?
   B: . . . . . Beograda, a ti?
   A: Ja sam . . . . . Subotice.

2. A: Dobar dan, čika Darko!
   Je li Danilo . . . . . kuće?
   B: Jeste. Samo trenutak

3. A: Gde je mačak?
   B: Tu je, ... stola.

4. A: Hoćeš kafu?
   B: Može, ali . . . . . šećera.

5. A: Moj otac je . . . . . sela.
   B: I moj.

6. A: Ja ću kafu. Šta ćeš ti?
   B: Ja ću sok . . . . . pomorandže.

5. Welches Wort passt nicht?

1. Srbija • Rumunija • Švedska • Bugarska ....
2. Rim • Peking • Pariz • Berlin • London ....
3. grad • država • selo • more ....
4. Niš • Beograd • Sarajevo • Novi Sad ....
5. Atina • Varšava • Solun (Thessaloniki) • Beč ....

6. Ergänzen Sie das Nomen im Genitiv!

1. kafa bez ..... (mleko)
2. čaj bez .... (šećer)
3. sok od ..... (pomorandža)
4. krema od ..... (vanilija)

7. Duzen und siezen Sie! Vervollständigen Sie und schreiben Sie die Sätze in der Höflichkeitsform!

biti • imati • slušati • hteti • putovati • stanovati (wohnen) • zvati se • studirati

1. Kako se zoveš? *Kako se zovete?*
2. .... lepo ime. ....
3. ....pivo ili vino? ....
4. Odakle ....? ....
5. Koju muziku ....? ....
6. Šta ....? ....
7. Gde ....? ....
8. Kada .... u Beč? ....

8. Šta studiraju ovi ljudi?

a)

b)

c)

d)

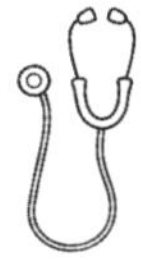

e)

nemački • matematika • geografija • medicina • istorija • prava • ekonomija • informatika

a) Filip *studira istoriju.*

b) Stevan . . . .

c) Zorica . . . .

d) Milan . . . .

e) Darko i Ljiljana . . . .

Lektion 11

Svadba (Hochzeitsfeier)

1. Ergänzen Sie die fehlenden Formen des Verbs govoriti!

1	2	3	4	5	6
ja	**ti**	**on, ona, ono**	**mi**	**vi , Vi**	**oni, one, ona**
govorim			*govorimo*	*govorite*	

2. Wie lautet der Infinitiv?

1. vi ćutite *ćutati*
2. mi volimo . . . .

6. ti živiš . . . .
7. oni ćute . . . .

3. on radi . . . . 8. one govore . . . .

4. ona vidi . . . . 9. mi učimo . . . .

5. ja učim . . . . 10. vi radite . . . .

3. Wählen Sie die richtige Form!

		a)	b)	c)
1.	Ja *učim* španski, a ti?	a) uči	b) učimo	c) *učim*
2.	Stefan . . . . Milicu.	a) volim	b) voli	c) vole
3.	Ana, zašto ti uvek . . . .?	a) govori	b) radim	c) ćutiš
4.	Šta . . . . sutra uveče?	a) učiš	b) radiš	c) živiš
5.	Ti . . . . gluposti (Dummheiten).	a) govorim	b) govoriš	c) govori
6.	Gde . . . . Sanja i Marko?	a) živi	b) živimo	c) žive

4. Aufgabe zum Dialog (Lehrbuch, S. 75 f.). Antworten Sie!

1. Odakle je Štefi? . . . .
2. Šta studira? . . . .
3. Koje jezike govori? . . . .
4. Šta je po nacionalnosti njena majka? . . . .

5. Welche dieser Sprachen sind slawisch? Kreuzen Sie an!

☐ a) mađarski ☐ b) srpski ☐ c) bugarski ☐ d) rumunski

☐ e) poljski ☐ f) ruski ☐ g) grčki ☐ h) albanski

6. Ergänzen Sie die Nationalitätsbezeichnungen!

1. Marko je *Srbin*, iz Beograda. Milica je *Srpkinja*, iz Novog Sada.
2. Imre je . . . ., iz Budimpešte. Monika je . . . ., iz Subotice.
3. Dimitri je . . . ., iz Atine. Marija je . . . ., iz Soluna

4.	Adrej je . . . ., iz Moskve.	Olga je . . . ., iz Vladivostoka.
5.	Sebastian je . . . ., iz Beča.	Irene je . . . ., iz Graca.
6.	Holger je . . . ., iz Hajdelberga.	Štefi je . . . ., iz Berlina.
7.	Georg je . . . ., iz Ženeve (Genf).	Marie je . . . ., iz Berna.
8.	Đino je . . . ., iz Firence.	Đina je . . . ., iz Rima.
9.	Patrik je . . . ., iz Nice.	Nadin je . . . ., iz Pariza.
10.	Pablo je . . . ., iz Madrida.	Marta je . . . ., iz Sevilje.
11.	Takaši je . . . ., iz Tokija.	Suni je . . . ., iz Osake.
12.	Tao je . . . ., iz Šangaja.	Bo je . . . ., iz Pekinga.

7. Welche Sprachen werden in der Schweiz gesprochen? Kreuzen Sie an!

☐ a) francuski	☐ b) engleski	☐ c) nemački	☐ d) španski
☐ e) italijanski	☐ f) rumunski	☐ g) portugalski	☐ h) retoromanski

8. Ergänzen Sie das fehlende Zahlwort!

1.	dvadeset	trideset	. . . .
2.	trideset	. . . .	deset
3.	šezdeset	. . . .	četrdeset
4.	. . . .	sedamdeset	osamdeset
5.	osamdeset	devedeset	. . . .
6.	devedeset pet	devedeset šest	. . . .

9. Ergänzen Sie das, was fehlt!

1. **Manuel S**. je *Portugalac,* iz Lisabona.
   Ima 22 *godine.*
   Govori portugalski i španski.

2. **Jacek B**. je *Poljak*, iz Krakova.

   Ima 20 . . . .

   Govori . . . ., engleski i italijanski.

3. **Bob F**. je . . . ., iz Dalasa.

   Ima 55 . . . .

   Govori . . . .

4. **Olga M**. je . . . ., iz Moskve.

   Ima 43 . . . .

   Govori . . . ., engleski i francuski.

5. **Nadin B**. je . . . ., iz Pariza.

   Ima 70 . . . .

   Govori . . . . i engleski.

6. **Emili S**. je . . . ., iz Londona.

   Ima 28 . . . .

   Govori . . . . i francuski.

7. **Lukas P**. je . . . ., iz Beča.

   Ima 36 . . . .

   Govori . . . . i engleski.

8. **Aša L**. je *Indijka*, iz Kalkute.

   Ima 64 . . . .
   Govori *hindi*, engleski i nemački.

10. Was passt? Ergänzen Sie das Nomen im Genitiv!

hleb • vino • kafa • voda • pasulj • šećer • čaj • torta • supa (Suppe) • sok • mleko

1. čaša *vina, vode, soka, mleka*

2. šolja . . . .

3. tanjir . . . .

4. kilo . . . .

5. parče (Stück) . . . .

11. Ergänzen Sie die richtige Form!

1. Tršić je rodno mesto (Geburtsort) *Vuka S. Karadžića* (Vuk S. Karadžić)
2. U Beogradu se nalazi muzej . . . . (Nikola Tesla)
3. U Novom Sadu se nalazi ulica . . . . (Mileva Marić)

Lektion 12

U prodavnici (Im Lebensmittelgeschäft)

1. Ergänzen Sie die fehlenden Wochentage!

1. *Ponedeljak*	2. *Utorak*	3.
4. *Četvrtak*	5. *Petak*	6.
7. *Nedelja*		

2. Beantworten Sie die Frage!

Kada putujete?

1. UTO, 12. 30 *U utorak, u dvanaest i trideset.*
2. PO, 10. 00 . . . .
3. PET, 14. 20 . . . .

4. SRE, 16. 40 . . . .

5. ČET, 09. 00 . . . .

6. SUB, 19. 15 . . . .

7. NED, 08. 45 . . . .

3. Was passt? Verbinden Sie.

1. Oprostite, koliko je sati?	*d*	a) Molim kilo banana i pola kila jabuka.
2. Kuda putujete?		b) Nemoj ništa.
3. Kada putujete?		c) U Novi Sad.
4. Dobar dan, izvolite!		d) Tačno je sedam.
5. Želite li još nešto?		e) Ne hvala. To je sve.
6. Da kupim nešto?		f) Danas u sedam.

4. Formen Sie die Sätze um!

1. Ana hoće piti čaj.	*Ana hoće da pije čaj.*
2. Ona neće piti kafu.	*Ana neće da pije kafu.*
3. Filip voli jesti ribu.	. . . .
4. On ne voli jesti meso.	. . . .
5. Ana i Ivan žele kupiti kuću.	. . . .
6. Oni ne žele kupiti stan.	. . . .
7. Ti i ja ne možemo pričati.	. . . .
8. Mi moramo raditi.	. . . .

5. Ordnen Sie die Wörter in der Tabelle ein!

šunka • čokolada • mleko • pivo • vino • krompir • sir • jabuke • kobasica • paradajz • sok • keksi • jogurt • šnicla • čaj • banane • bombone • maslac

voće i povrće (Obst und Gemüse)	meso (Fleisch)	mlečni proizvodi (Milchprodukte)	slatkiši (Süßigkeiten)	pića (Getränke)

6. Tragen Sie die Zahlen ein!

a) . . . . . dvesta b) . . . . . trista c) . . . . . petsto d) . . . . . osamsto

e) . . . . . šeststo f) . . . . . devetsto g) . . . . . sedamsto h) . . . . . četiristo

7. Koliko je ...? Rechnen Sie!

1. 100 + 100 = dvesta
2. 300 + 100 = ...
3. 500 – 200 = ...
4. 900 – 300 = ...
5. 200 – 50 = ...
6. 180 + 70 = ...

8. Danas Vi pravite tortu. Gehen Sie einkaufen!

šećer, 1 kg
brašno, 500 g
mleko, 2 l
banane, 1 kg
jaja, 10
čokolada za kuvanje, 2

Molim *kilo šećera*, ...

. . . .

. . . .

. . . .

9. Aufgabe zum Dialog (Lehrbuch, S. 82 f.). Kreuzen Sie an!

Šta je Marko kupio u prodavnici? (Was hat Marko im Lebensmittelgeschäft gekauft?)

☐ flašu soka	☐ flašu vina	☐ flašu piva	☐ sir
☐ jogurt	☐ mleko	☐ šunku	☐ kulen
☐ pomorandže	☐ jabuke	☐ mandarine	☐ banane

10. Beantworten Sie die Fragen! Benutzen Sie den Imperativ!

1. Šta da kupim? Banane ili jabuke? *Kupi / Kupite banane!*
2. Šta da jedem? Picu ili burek? . . . .
3. Šta da pijem? Kafu ili čaj? . . . .
4. Šta da kuvam? Pasulj ili kupus? . . . .
5. Šta da čitam? Knjigu ili novine (Zeitung)? . . . .
6. Šta da gledam? Film ili kviz? . . . .
7. Šta da slušam? Tehno ili džez? . . . .
8. Gde da budem? Ovde ili tamo? . . . .
9. Kad da dođem? Danas ili sutra? . . . .

11. Bilden Sie Imperativsätze!

1.	jesti slatkiše	*Nemoj jesti slatkiše!*	*Nemojte jesti slatkiše!*
2.	piti koka kolu	. . . .	. . . .
3.	gledati televiziju	. . . .	. . . .
4.	ćutati	. . . .	. . . .
5.	vikati (schreien)	. . . .	. . . .
6.	ići tamo	. . . .	. . . .

Lektion 13

Ćao, gde si? (Hallo, wo bist du?)

1. Was passt? Ordnen Sie zu!

U Beograd, a ti? | Ništa posebno, a ti? | Evo pijemo kafu. | Lepo, a ti?
U vozu, a ti? | Važi! | Danas, a ti? | Dobro, a ti?

1. ■ Ćao, šta radiš?
   □ . . . .
2. ■ Ćao! Kako si?
   □ . . . .
3. ■ Ćao, gde si?
   □ . . . .
4. ■ Ćao, vidimo se posle.
   □ . . . .

2. Maskulinum oder Femininum? Vervollständigen Sie die Tabelle!

Maskulinum	Femininum
kuvar	**kuvarica**
konobar	
prodavač	
profesor	**profesorka**
lekar	lekarka
apotekar	
	novinarka
pekar	
student	**studentkinja**
	fotografkinja

3. *Iz, kao, po* oder *u*? Ergänzen Sie die Präpositionen!

1. □ Ja sam . . . . . Frankfurta, a ti?
   ■ I ja sam . . . . . Frankfurta, ali živim . . . . . Berlinu.

2. □ Ja sam lekar. Šta ste Vi . . . . . zanimanju?
■ Ja sam profesorka.

3. □ Ja sam Stefan, profesor . . . . . Beograda.
■ Drago mi je. Moje ime je Svetlana. Ja sam takođe profesorka, ali radim . . . . . novinarka.

4. □ Ja se zovem Marija. . . . . . zanimanju sam kuvarica. Živim i radim . . . . . Sokobanji.
■ Ja sam Ana, drago mi je. I ja sam kuvarica, ali radim . . . . . konobarica. Živim . . . . . Beču.

4. Dativ und Lokativ. Bilden Sie Sätze wie im Beispiel!

Kuda ideš? (Wohin gehst du?)

1.	prijatelj	*Idem prijatelju.*	2.	drug	. . . .
3.	drugarica	. . . .	4.	lekar	. . . .

O kome, o čemu pričaš? (Über wen / Worüber redest du?)

1.	prijateljica	*Pričam o prijateljici.*	2.	film	. . . .
3.	Marko	. . . .	4.	Ana	. . . .

5. Lokativ und Akkusativ. Fragen und antworten Sie!

		Gde si?	**Kuda ideš?**
1.	Beograd	*U Beogradu.*	*U Beograd.*
2.	Srbija	. . . .	. . . .
3.	Nemačka	. . . .	. . . .
4.	Francuska	. . . .	. . . .
5.	Austirija	. . . .	. . . .
6.	Japan	. . . .	. . . .
7.	grad	. . . .	. . . .

8. selo . . . .
9. ulica . . . .
10. more . . . .

6. Lesen Sie den Text und kreuzen Sie die richtige Antwort an!

Kristina P. ist von Beruf Köchin. Sie kommt aus der Schweiz, aber sie lebt und arbeitet in Köln. Sie ist 32 Jahre alt. Außer Deutsch spricht sie auch Englisch und ein bisschen Italienisch. Ihre Leidenschaft ist aber nicht nur das Kochen: Frau P. spielt sehr gut Gitarre und singt im Chor.

1. Odakle je Kristina P.?
   a) iz Švedske b) iz Nemačke c) iz Švajcarske

2. Gde živi trenutno?
   a) u Švajcarskoj b) u Španiji c) u Nemačkoj

3. Koliko ima godina?
   a) dvadeset tri b) trideset dve c) trinaest

4. Šta je po zanimanju?
   a) konobarica b) kuvarica c) pekarka

5. Šta radi u slobodno vreme?
   a) svira i peva b) peva i kuva c) sluša muziku

7. Dva muškarca sede u vozu i razgovaraju. Ergänzen und antworten Sie!

1. Ja *sam* iz Vojvodine. Odakle ste Vi? (biti)
   Iz Nemačke / Bavarske / Minhena.

2. Ja . . . . u Novom Sadu. Gde Vi . . . .? (živeti)
   . . . .

3. Ja . . . . u Beogradu. Gde Vi . . . .? (raditi)
   . . . .

4. Ja . . . . u Budimpeštu. Kuda Vi . . . .? (putovati)

. . . .

5. Inače, ja . . . . Petar. A Vi? (biti)

. . . .

Lektion 14

U kupatilu (Im Badezimmer)

1. Bilden Sie Sätze!

1.	tuširati se	ja	*Ja se tuširam.*	*Tuširam se.*
		on	. . . .	. . . .
2.	kupati se	ti	. . . .	. . . .
		ona	. . . .	. . . .
3.	češljati se	ona	. . . .	. . . .
		one	. . . .	. . . .
4.	brijati se	on	. . . .	. . . .
		oni	. . . .	. . . .
5.	brisati se	ja	. . . .	. . . .
		mi	. . . .	. . . .
6.	prati se	ti	. . . .	. . . .
		vi	. . . .	. . . .
7.	oblačiti se	oni	. . . .	. . . .
		one	. . . .	. . . .

2. Was passt? Verbinden Sie!

1. *d* peškir
2. . . . sapun
3. *b* četkica za zube
4. . . . pasta za zube
5. . . . češalj
6. . . . aparat za brijanje
7. *f* karmin
8. . . . šampon (za kosu)

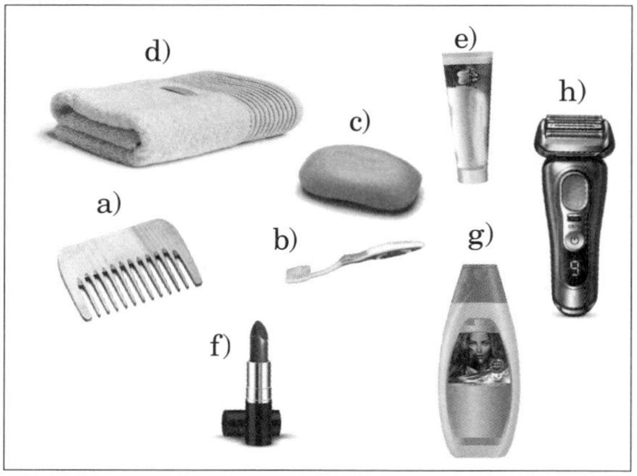

3. Schreiben Sie Sätze wie im Beispiel!

prati zube • češljati se • tuširati se • šminkati se • brijati se • prati kosu (Haare waschen) • brisati se

1. Gde je sapun? *Moram se tuširati.*
2. Gde je šampon? . . . .
3. Gde je četkica za zube? . . . .
4. Gde je peškir? . . . .
5. Gde je aparat za brijanje? . . . .
6. Gde je češalj? . . . .
7. Gde je karmin? . . . .

4. Wandeln Sie nun die Sätze aus der *Übung 3* um!

1. Moram se tuširati. *Moram da se tuširam.*

5. Erraten Sie die fehlende Präposition!

1. . . . . .

Šta si . . . . . zanimanju?

Idem u prodavnicu . . . . . hleb.

2. . . . . .

Moj drug živi . . . . . selu.

Svake godine idemo . . . . . more.

3. . . . . .

Vidimo se . . . . . subotu.

Gde je Marko? . . . . . Beogradu.

4. . . . . .

To je knjiga . . . . . jelu i piću.

. . . . . čemu ti pričaš?

6. Bilden Sie die Pluralformen!

1.	Danas idem **prijatelju**.	*Danas idem prijateljima.*
2.	Sutra idem **prijateljici**.	. . . .
3.	Pričamo o **filmu**.	. . . .
4.	U **selu** nema sturje (Strom).	. . . .
5.	U **gradu** nema vode.	. . . .
6.	Na **ulici** nema ljudi (Menschen).	. . . .

7. Beantworten Sie die Fragen!

a)

b)

c

d)

a)	Gde je Zorica?	*Na balkonu?*	Šta radi tamo?	*Puši.*
b)	Gde je Mihajlo?	. . . .	Šta radi tamo?	. . . .
c)	Gde je Ana?	. . . .	Šta radi tamo?	. . . .
d)	Gde je Milan?	. . . .	Šta radi tamo?	. . . .

8. Aufgabe zum Dialog (Lehrbuch, S. 95 f.). Richtig oder falsch? Tačno (t), netačno (n)?

1. Stanko u kupatilu uvek peva. ☐ t ☐ n
2. Sanja putuje stricu u Smederevo. ☐ t ☐ n
3. Sanja mora da se tušira. ☐ t ☐ n
4. Marko mora da se brije. ☐ t ☐ n
5. Marko se ljuti na Stanka. ☐ t ☐ n

9. Lokativ oder Akkusativ? Spielen Sie Dialoge wie im Beispiel!

A: Gde si?
B: U Berlinu.
A: Kuda ideš posle?
B: U Minhen.

1. Berlin – Minhen
2. Italija – Nemačka
3. Mađarska – Srbija
4. prodavnica – pijaca
5. svadba – slava

Test 2

HI

I. Hören Sie die Texte je zweimal und entscheiden Sie, welche Antwort richtig ist!

1. Kuda ide Stefan?
a) u mesaru b) u pekaru c) na žurku

2. Gde je Žarko?
a) u prodavnici b) u kupatilu c) u kafani

3. Kad dolazi (kommt) Zoran?
a) sutra u 11. 20 b) sutra u 12. 20 c) u subotu u 12. 20

4. Šta radi Tanja?
a) jede b) kuva c) sprema ručak

5. Gde živi Anin stric?
   a) u Smederevu   b) na selu   c) u Subotici

2. Lesen Sie!

2.1 Ordnen Sie die Bilder den Texten zu!

a)

b)

c)

d)

1. Đorđo Kjeza je fudbaler iz Berlina. Ima 30 godina. Njegovi roditelji su poreklom Italijani. ...
2. Dušan i Zorica su brat i sestra. Dušan ima 22, a Zorica 24 godine. Oni studiraju prava. ...
3. Đorđe je Srbin iz Beča. Ima 45 godina. Voli da sluša džez i srpsku etno muziku. ...
4. Manuel živi u Parizu. Njegov otac je Španac, a njegova majka je Ruskinja. Manuel govori španski, ruski, francuski i engleski. ...
5. Laslo je Mađar iz Vojvodine. Ima 52 godine.

   Voli da kuva i da čita knjige. ...
6. Dejan i Ivana su muž i žena. Oni žive i rade u Beogradu. Dejan je lekar, a Ivana je profesorka. ...

2.2 Schreiben Sie die Zahlen aus *2.1.* aus.

Koliko godina imaju?

Dušan ima ....

Zorica ima ....

Đorđe ima ....

Đorđo ima ....

Laslo ima ....

3. Schreiben Sie! Geben Sie Informationen zu sich oder einer anderen Person an!

Ime (Name)	Poreklo (Herkunft)	Zanimanje (Beruf)
Dob (Alter)	Mesto Stanovanja (Wohnort)	Hobi (Hobby)

4. Sprechen Sie! Formulieren Sie Fragen und Bitten!

■ Izvinite, gde se nalazi (befindet sich) prodavnica?
□ Na žalost, ne znam. / Evo ovde.

■ Izvinite, do kad radi prodavnica?
□ Do 20.00 sati.

a)

b)

c)

d)
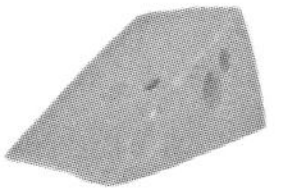

e)
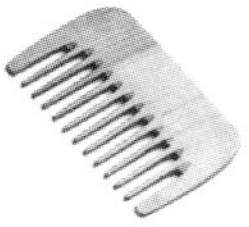

5. Welche Antwort ist richtig? Kreuzen Sie an!

1. Šta ….? – Spremamo ručak.
   a) radiš b) radite c) radimo

2. Hoćemo li …. piće? – Hoćemo.
   a) na b) u c) za

3. Kada putuješ u ….?
   a) Francuskoj b) Nemačku c) Italija

4. Koji je glavni grad ….? – Tokio.
   a) Japan b) Japanu c) Japana

5. Ivan ne .... alkohol.
   a) pijem   b) piješ   c) pije

6. Moja devojka ima 22 .... .
   a) godinu   b) godina   c) godine

7. Volim da .... čokoladu.
   a) jedem   b) jesti   c) jedeš

8. .... li (Vi) španski?
   a) govorim   b) govorite   c) kažete

9. Molim te, ... nešto za piće!
   a) kupim   b) kupi   c) kupe

10. Moj drug živi u .... .
    a) Francuska   b) Francuskoj   c) Francusku

11. O .... pričaš? – O .... .
    a) kome, filmu   b) kome, filmovima   c) čemu, filmu

12. Gde si? – U .... . Tuširam .... .
    a) kupatilo, se   b) kupatilu, me   c) kupatilu, se

6. Wie lautet der Oberbegriff?

1. pica • burek • ćevapi • ražnjići • pasulj   *jelo*
2. kafa • čaj • sok • pivo • vino • rakija   . . . .
3. Beč • Beograd • Moskva • Budimpešta   . . . .
4. Italija • Engleska • Nemačka • Švajcarska   . . . .
5. francuski • rumunski • grčki • španski   . . . .

Lektion 15

U restoranu (Im Restaurant)

1. Erledigen Sie die Aufgaben.

1.1 Ordnen Sie die Wörter in der Tabelle ein!

vino • kapućino • čaj • kafa • voda • pivo • rakija • jabuka • sok • čaša • parče • šolja • kolač

m	f	n
kapućino		

1.2 Setzen Sie die passenden Nomen aus dem Kasten ein!

1. Za mene kafu i . . . . od sira.
2. Ja pijem samo . . . . od kamilice.
3. Moj muž jede samo kolač od . . . .
4. Moj sin voli . . . . od pomorandže.
5. Želite li . . . . torte?
6. Molim Vas . . . . vode.

2. Bringen Sie die Sätze in die richtige Reihenfolge!

1. Dobar dan. Molim Vas jedan kapućino i čašu vode. ☐
2. Ja ću kafu i sok od pomorandže. ☐
3. Dobar dan, izvolite! *1*
4. Ne hvala. ☐
5. U redu. Šta ćete Vi? ☐
6. Je li to sve? Želite li nešto za jelo? ☐

3. Akkusativ: Lang- oder Kurzform? Entscheiden Sie!

1. On se ljuti na . . . . tebe / te
2. Voliš li ovu pesmu? Da, jako . . . . volim. nju / ju
3. Zašto . . . . nikad ne slušaš? mene / me
4. Ja ne volim . . . ., ja volim . . . . njega /ga, tebe / te
5. Za . . . . sok, a za . . . . kafu. njega / ga, mene / me

4. Ergänzen Sie das Personalpronomen im Akkusativ (Langformen)!

1. **Ja** volim Milana i *Milan voli* ***mene***.
2. **Ti** voliš Milicu i . . . .
3. **Ona** voli Borisa i . . . .
4. **On** voli Zoricu i . . . .
5. **Vi** volite Anu, ali . . . .

5. Personalpronomen im Akkusativ (Kurzformen). Formulieren Sie Fragen nach folgendem Muster!

čitati • piti • *jesti* • slušati • gledati • pevati

1. Burek je ukusan. *Zašto ga ne jedeš?*
2. Vino je odlično (ausgezeichnet). . . . .
3. Film je fantastičan. . . . .
4. Pesma (Lied) je jako lepa. . . . .
5. Knjiga je interesantna. . . . .
6. Pričam. . . . .

6. *Akkusativ* oder *Genitiv*? Kreuzen Sie an!

1. Ona nije za **tebe**. ☐ Akkusativ ☐ Genitiv
2. Ti nisi za **nju**. ☐ Akkusativ ☐ Genitiv
3. Ona voli Marka, a ne **tebe**, ☐ Akkusativ ☐ Genitiv
4. … ali ti ne možeš bez **nje**. ☐ Akkusativ ☐ Genitiv

7. Was passt? Manchmal gibt es zwei Möglichkeiten.

1. Izvinite što kasnim.
   - a) ☐ Nema problema.
   - b) ☐ Zato baš.
   - c) ☐ Ništa zato.

2. Dobar dan, izvolite!
   - a) ☐ Molim Vas, izvinite!
   - b) ☐ Samo izvolite!
   - c) ☐ Kafu i sok molim!

3. Želite li nešto da jedete?
   - a) ☐ Hvala, malo pre.
   - b) ☐ Ne, hvala.
   - c) ☐ Hvala, malo posle.

4. Prijatno!
   - a) ☐ Molim.
   - b) ☐ Hvala.
   - c) ☐ Oprostite!

8. Bilden Sie den Imperativ (*Du*- und *Sie*-Form)!

1.	kupati se	*Kupaj se!*	*Nemoj se kupati!*	*Nemoj da se kupaš!*
2.	tuširati se	. . . .	. . . .	. . . .
3.	brijati se	. . . .	. . . .	. . . .
4.	ljutiti se	. . . .	. . . .	. . . .
5.	češljati se	*Češljajte se!*	*Nemojte se češljati!*	*Nemojte da se češljate*!
6.	umivati se	. . . .	. . . .	. . . .
7.	brisati se	. . . .	. . . .	. . . .

9. Ergänzen Sie die passende Imperativ-Form!

1. češljati se Molim te, ... u kupatilu, a ne ovde!
2. ljutiti se Baš me briga (Es ist mir egal). . . . ., ako hoćeš.
3. šminkati se Devojke, ... kod kuće, a ne ovde!

4.	oblačiti se	Ana, Nikola . . . ., pa idemo na ručak.
5.	brinuti se	Nemojte . . . . Sve je u redu.
6.	kupati se	Nemoj da . . . . Voda je hladna.
7.	ljutiti se	Hajde, nemoj da . . . ., molim te!

Zwischenlektion

1. Schreiben Sie die folgenden Buchstaben ab!

А, а **Е, е** **Ј, ј** **К, к** **М, м** **О, о** **Т, т**

. . . .

2. Lesen Sie die folgenden Wörter vor und schreiben Sie sie ab! Achten Sie auf die Verbindung von м mit dem vorausgehenden Buchstaben.

акт (Akt) **Ема** (Ema) **јако** (sehr) **како** (wie) **мама** (Mamma)
око (Auge) **тако** (so)

. . . .

. . . .

. . . .

3. Welches Wort ist falsch geschrieben? Unterstreichen und korrigieren Sie den Fehler!

1.	ако • како • тако • jако	**тако**
2.	акт • око • aтом • тако	. . . .
3.	како • to • јако • тако	. . . .

4. мама ● тата ● Maja ● Ema . . . .

5. ko ● ja ● ти ● ми . . . .

4. Schreiben Sie die folgenden Buchstaben ab!

В, в **Н, н** **Р, р** **С, с** **У, у** **Х, х**

. . . .

. . . .

. . . .

5. Lesen Sie diese Wörter vor und schreiben Sie sie ab!

вата (Watte) **нос** (Nase) **рука** (Arm) **со** (Salz) **уво** (Ohr) **храст** (Eiche)

. . . .

. . . .

. . . .

6. Lesen Sie die folgenden Namen vor und unterstreichen Sie danach die Buchstaben, die wie lateinische aussehen, aber einen anderen Lautwert haben!

weibliche Namen	**Ана**	**Ева**	**Уна**	**Јасна**	
männliche Namen	**Марко**	**Ратко**	**Новак**	**Вук**	**Стеван**

7. Schreiben Sie die Buchstaben, lesen und schreiben Sie die Wörter ab!

Б, б **Г, г** **Д, д** **Ђ, ђ** **Ж, ж** **З, з**

. . . .

. . . .

бар (Bar) • гост (Gast) • **дан** (Tag) • **ђак** (Schüler) • **журка** (Party) • **зуб** (Zahn)

И, и **Л, л** **Љ, љ** **Њ, њ** **П, п** **Ћ, ћ**

игра (Spiel) • **лук** (Zwiebel) • **љубав** (Liebe) • **њива** (Feld) • **пиво** (Beer) • **ћевап** (Kebap)

Ф, ф **Ц, ц** **Ч, ч** **Џ, џ** **Ш, ш**

Фотеља (Sessel) • **цигарета** (Zigarette) • **чај** (Tee) • **џезва** (Kaffeekanne) • **шећер** (Zucker)

8. Wie heißen diese Tiere? Lesen Sie die Namen vor und unterstreichen Sie die Buchstaben, die anders aussehen als lateinische Buchstaben!

Лаки

Пера[4]

Мики

Цезар

4 Пера – Петар

Боби	Шарко	Миђа[5]	Фиђа[6]

9. Schreiben Sie auf Kyrillisch!

Sanja will einen Kuchen backen. Sie braucht folgende Zutaten:

2 jaja	*2 jaja*
1 jogurt	. . . .
300 g brašna (Mehl)	. . . .
150 g šećera	. . . .
2 jabuke	. . . .
1 / 2 šolje ulja (Öl)	. . . .

10. Schreiben Sie den Text in kyrillischen Buchstaben!

Ovo je Andrej Rodionov. On je iz Moskve, a živi i radi u Beogradu.
Po zanimanju je informatičar. Govori ruski, srpski i engleski.

. . . .

. . . .

. . . .

. . . .

. . . .

5 Миђа – Милутин

6 Фиђа – Филип

HI

11. Diktat. Hören Sie den Text und schreiben Sie ihn in kyrillischen Buchstaben!

. . . .

. . . .

. . . .

. . . .

. . . .

12. Ergänzen Sie die fehlenden Buchstaben!

Н . . . Ш	**НО . . . И СА . . .**	**КРА . . . УЈЕВАЦ**
СУБОТИ . . . А	**. . . ЕО . . . РАД**	**СМЕ . . . ЕРЕ . . . О**

Lektion 16

Posle ručka (Nach dem Mittagessen)

1. Was passt? Verbinden Sie.

1. Је ли добра пица?	. . .	а) Одмах долазим.
2. Молим Вас рачун.	. . .	б) Не, хвала.
3. Задржите кусур!	. . .	в) Па није баш укусна.
4. Пријатан дан желим!	. . .	г) Хвала лепо, пријатан дан желим.
5. Желите ли нешто да једете?	. . .	д) Хвала, такође.

2. Schreiben Sie die Infinitive!

1. Михајло је **читао** књигу. . . . .
2. Тања је **кувала** чај. . . . .
3. Данило је **слушао** музику. . . . .

4. Марко и Станко су **гледали** филм. . . . .
5. Ана и Сања су **причале**. . . . .
6. Мали Стефан је **пио** млеко. . . . .
7. Ја сам стално **био** гладан (hungrig). . . . .
8. Мајка је у купатилу **певала**. . . . .
9. Отац је нешто **говорио**. . . . .
10. Мачак Ђоле је на столици **спавао**. . . . .

3. Ergänzen Sie das Partizip Perfekt!

1. Сања и ја смо јуче били у кафићу. Сања је пила кафу, а ја сам . . . . сок. Ја сам после наручио кафу, а она је . . . . сок. Дуго смо причали.

2. Ја сам у суботу била цео дан код куће. Мој муж је спремао ручак, а ја сам . . . . књигу.
   Ја сам после . . . . вечеру, а он је . . . . телевизију. Баш је . . . . лепо.

4. Шта су радили ови људи? Beschreiben Sie die in der Vergangenheit ausgeübten Tätigkeiten!

а)

б)

в)

г)

а) *Он је кувао.*

б) . . . .

в) . . . .

г) . . . .

5. Formulieren Sie die Sätze um!

1.	Ја учим грчки.	*Ја сам учио / учила грчки.*
2.	Марија учи румунски.	. . . .
3.	Мој брат живи у Немачкој.	. . . .
4.	Ана и Милан раде у Москви.	. . . .
5.	Љиљана и Зорица студирају у Риму.	. . . .
6.	Ми смо данас у Београду.	. . . .
7.	Ти станујеш у Кнез Михаиловој?	. . . .

6. Beantworten Sie die Fragen mit *ja* oder *nein*! Benutzen Sie keine Personalpronomen!

1.	Јесте ли били у Лондону?	(*Не, нисам била у Лондону.*)
2.	Јесте ли учили енглески?	. . . .
3.	Јесте ли живели у Мексику?	. . . .
4.	Јесте ли радили у Јапану?	. . . .
5.	Јесте ли студирали на Оксфорду?	. . . .

7. Ergänzen Sie das fehlende Zahlwort!

1.	пет	седам	. . . .	једанаест
2.	дванаест	четрнаест	шеснаест	. . . .
3.	двадесет	тридесет	. . . .	педесет
4.	четиристо	шестсто	. . . .	хиљада
5.	две хиљаде	три хиљаде	четири хиљаде	. . . .

8. Schreiben Sie die Zahlen aus.

1.	Молим Вас	. . . .	1000 дин
2.	Изволите	. . . .	2000 дин

3. Имате ли . . . . 5000 дин

4. Имам . . . . 4000 дин

9. Aufgabe zum Dialog (Lehrbuch, S. 112 f.). Richtig oder falsch? Тачно (т), нетачно (н)?

1. Штефи и Марко су били у ресторану у Кнез Михаиловој улици. ☐ т ☐ н
2. Штефи је јела торту. ☐ т ☐ н
3. Марко је јео кремпиту. ☐ т ☐ н
4. Дуго су причали. ☐ т ☐ н
5. Марко је платио јело, а Штефи је платила пиће. ☐ т ☐ н

10. Vervollständigen Sie die Tabelle!

N	ja	ти	он, оно	она	ми	ви, Ви	они, оне
A	*мене / ме*		*њега / га*				*њих / их*
G	*мене / ме*		*њега / га*				*њих / их*

11. Bilden Sie Sätze nach folgendem Muster!

Akkusativ

1. Како си? *Нисам те дуго видео / видела.*
2. Како сте? . . . .
3. Како су Ана и Сања? . . . .
4. Како је Тања? . . . .

Genitiv

1. Где си? *Нема те нигде* (*nirgendwo*).
2. Где је Марко? . . . .
3. Где је Милена? . . . .
4. Где су Милица и Немања? . . . .

Lektion 17

Сусрет у тржном центру (Treffen im Einkaufszentrum)

1. Bringen Sie die Sätze in die richtige Reihenfolge!

Јесам. Извините, а ко сте Ви?	☐
Пуно ради, али добро је.	☐
Да, да. Сад се сећам.	☐
Добар дан! Јесте ли Ви госпођа Станић?	*1*
Много га поздравите.	☐
Ја сам Валерија, Дејанова школска другарица (Schulfreundin).	☐
Хоћу. Довиђења, Валерија.	☐
Па како је Дејан?	☐
Довиђења.	☐

2. Ergänzen Sie die passende Form!

Infinitiv	Partizip Perfekt
ићи	*ишао*
доћи	. . . .
. . . .	отишао
моћи	. . . .

Infinitiv	Partizip Perfekt
. . . .	помогао
наћи	. . . .
срести	. . . .
јести	. . . .

3. Ergänzen Sie das passende Verb im Perfekt, in seiner positiven (+) oder negativen (-) Form!

3.1 наћи, моћи, доћи

1. Ја *сам* јуче *дошао / дошла* из Ниша. +
2. Ана . . . . прекјуче . . . . из Берлина. +
3. Марија . . . . данас на улици . . . . 1000 динара. +
4. Марко . . . . данас . . . . доћи. -
5. Извини, ја ти стварно . . . . помоћи. -

3.2 отићи, јести, срести

1. Стефан . . . . за ручак . . . . рибу. +
2. Зорица . . . . за вечеру . . . . воће. +
3. Ана и Никола . . . . у продавници . . . . Стефана. +
4. Ми . . . . за ручак . . . . пицу. -
5. Ева . . . . данас . . . . у Ниш. -

4. Bilden Sie Sätze nach folgendem Muster!

1. читати → добра књига *Нисам никад читао / читала тако добру књигу.*
2. гледати → добар филм . . . .
3. јести → добра пица . . . .
4. пити → добро вино . . . .
5. срести → добра жена . . . .
6. видети → добро дете . . . .

5. Aufgabe zum Dialog (Lehrbuch, S. 119 f.). Kreuzen Sie die richtige Antwort an!

1. Где је Марко срео Дулета?
   а) у пекари б) у бутику в) у ДМ-у
2. Ко је Дуле?
   а) Марков друг б) Тамарин друг в) Тамарин брат
3. Који инструмент свира Дуле?
   а) хармонику б) гитару в) саксофон
4. Шта је Марко купио у бутику?
   а) кошуљу (Hemd) б) svašta (alles Mögliche) в) ништа

6. Ergänzen Sie das fehlende Wort!

1. коло : играти хармоника : . . . .
2. пити : пиће јести : . . . .

3. иһи : ишао доһи : . . . .

4. мама : тата сестра : . . . .

5. гледати : гледала слушати : . . . .

7. Жена говори мужу. Bilden Sie Sätze wie im Beispiel! Ergänzen Sie Personalpronomen im Dativ!

1. Ева: **Борис** нема лаптоп. *Дејан: Купи му лаптоп.*
2. Ева: **Ана** нема мобилни. Дејан: . . . .
3. Ева: **Филип** нема бицикл. Дејан: . . . .
4. Ева: **Мама и тата** немају лекове (Medikamente). Дејан: . . . .

8. Vervollständigen Sie die Tabelle!

N	**ја**	**ти**	**он, оно**	**она**	**ми**	**ви, Ви**	**они, оне**
D, L		*теби / ти*		*њој / јој*	*нама / нам*		

9. Ergänzen Sie die Personalpronomen im Dativ oder Lokativ!

1. Жедна сам. (Ich habe Durst.) Молим те, дај . . . . . воде!
2. Гладни смо. (Wir haben Hunger.) Молим те, спреми . . . . . нешто за јело!
3. Милан и Зорица желе нешто слатко. Молим те, купи . . . . . колаче!
4. Нина куца. Молим те, отвори . . . . . врата!
5. Ти си добар човек (Mensch). Није проблем у . . . . ., него у њој.
6. Они нису добри људи (Menschen). Не желим да причам о . . . . ..

Lektion 18

Празници и поклони (Feste und Geschenke)

1. Schreiben Sie Gratulationen!

а)

б)

в)

г)

а) *Срећна Нова Година*!

б) ....

в) ....

г) ....

2. Kreuzen Sie an bzw. schreiben Sie eine Antwort!

1. С ким се обично свађате.

а) ☐ С мужем.

б) ☐ Са женом.

в) ☐ ....

2. С ким се обично смејете.

а) ☐ С другом.

б) ☐ С другарицом.

в) ☐ ....

3. На кога се често љутите?

а) ☐ На шефа.

б) ☐ На ћерку.

в) ☐ ....

4. Кога много волите?

а) ☐ Дете.

б) ☐ Мужа.

в) ☐ ....

5. С ким причате о проблемима?

а) ☐ С мајком.

б) ☐ С пријатељицом.

в) ☐ ....

6. С ким идете на одмор?

а) ☐ С пријатељима.

б) ☐ Са сином.

в) ☐ ....

3. Beantworten Sie die Fragen!

сапун • оловка • кашика (Löffel) • пешкир • виљушка • аутобус • нож • чешаљ • вода

1. Чиме једете супу? *Кашиком.*
2. Чиме једете пицу? . . . .
3. Чиме се перете? . . . .
4. Чиме се бришете? . . . .
5. Чиме се чешљате? . . . .
6. Чиме пишете? . . . .
7. Како идете на посао? . . . .

4. Ergänzen Sie das Nomen im Instrumental!

1. кафа с . . . . (млеко)
2. чај са . . . . (шећер)
3. јагоде са . . . . (шлаг)
4. кроасан с . . . . (чоколада)
5. торта с . . . . (јагоде Pl.)
6 торта с . . . . (малине Pl.)

5. Aufgabe zum Dialog (Lehrbuch, S. 124 f.). Kreuzen Sie an und antworten Sie! *Тачно* (т), *нетачно* (н).

1. Марко и Милена су купили поклон у књижари (Buchhandlung). ☐ т ☐ н
2. После тога су отишли у посластичарницу (Konditorei). ☐ т ☐ н
3. Марко је у посластичарници јео торту. ☐ т ☐ н
4. Милица је у посластичарници јела сладолед. ☐ т ☐ н
5. Шта су купили? ☐ т ☐ н

6. Was passt? Verbinden Sie!

1. Ја сам се јутрос рано *д* а) шминкала
2. Стефан се хладном водом . . . . . б) смејале
3. Ева се у ходнику . . . . . в) свађао (gestritten)

4. Маја и Ана су се у кухињи . . . . . г) туширао

5. Борис се у соби са Зорицом . . . . . д) пробудио

7. Wandeln Sie die Sätze um!

1. Они су се свађали. *Свађали су се.*
2. Она се смејала. . . . .
3. Он се љутио. . . . .
4. Ја сам се умивала. . . . .
5. Ти си се туширао. . . . .

8. Antworten Sie immer negativ!

1. Јеси ли се чешљала? *Не, нисам се чешљала.*
2. Јеси ли се купала? . . . .
3. Је ли се Милан бријао? . . . .
4. Је ли се Марица шминкала? . . . .
5. Ана, Данило, јесте ли се туширали? . . . .

9. Was passt? Ergänzen Sie!

У Сокобању.	Купи му бицикл.	Поклонила сам му сат.
Не славим рођендан.	Купи јој бицикл.	Сат.
Не желим ништа.	Код куће.	Поклонио сам му сат.

1. ■ Шта да купим Дарку за рођендан?
□ . . . .

2. ■ Шта си поклонио жени за Божић?
□ . . . .

3. ■ Где славиш Нову Годину?
□ . . . .

4. ■ Куда идеш за Ускрс?
□ . . . .

10. Ergänzen Sie das fehlende Wort!

1.	хлеб : пекара	колач : . . . .
2.	торта : јести	кафа : . . . .
3.	кафа : шећер	супа : . . . .
4.	дан : радити	ноћ : . . . .
5.	јагода : воће	паприка: . . . .

Lektion 19

Излет у Гучу (Ausflug nach Guča)

1. Erledigen Sie die folgenden Aufgaben.

1.1 Ordnen Sie die Wörter der Tabelle zu!

недеља • викенд • месец • година • воз • аутобус • слика • фотографија • излет • коло • труба

m	f	n

1.2 Setzen Sie passende Nomen aus dem Kasten ein!

1. Како идеш у Нови Сад? . . . . или . . . .?

2. Колико имаш . . . .?

3. Он свира . . . .

4. Они играју . . . .

5. Како је било на меденом . . . .?

6. Идемо на . . . . у Гучу. Хоћеш с нама?

7. Шта радиш у . . . .?

2. Setzen Sie die richtige Form von *hteti* ein!

3. Verneinen Sie die Sätze aus der *Übung* 2!

	2.	3.
1.	Он *ће* ићи у продавницу.	*Он неће ићи у продавницу.*
2.	Ја . . . . кувати.	. . . .
3.	Она . . . . свирати.	. . . .
4.	Ти . . . . певати.	. . . .
5.	Ми . . . . причати.	. . . .
6.	Они . . . . играти шах.	. . . .

4. Erledigen Sie die folgenden Aufgaben.

4.1 Verbinden Sie die Fragen mit den Antworten!

1.	Куда ћеш отићи?	г	а) У фабрици. (In der Fabrik)
2.	Како ћеш путовати?	. . .	б) Хоћу.
3.	Где ћеш радити?	. . .	в) За три месеца.
4.	С ким ћеш живети?	. . .	г) У Минхен.
5.	Када ћеш се вратити?	. . .	д) Возом.
6.	Хоћеш ли ми писати?	. . .	ђ) С другом.

4.2 Beantworten Sie die Fragen aus *4.1* mit vollen Sätzen! Benutzen Sie kein Personalpronomen!

1. Отићи ћу у Минхен.

2. . . . .

3. . . . .

4. . . . .

5. . . . .

6. . . . .

5. Antworten Sie wie im Beispiel! Benutzen Sie keine Personalpronomen!

1. Хоћеш ли доћи у Београд?
   Да, доћи ћу у Београд. *Не, нећу доћи у Београд.*
2. Хоћеш ли учити српски?
   . . . .
3. Хоћемо ли ићи на излет?
   . . . .
4. Хоћемо ли причати немачки?
   . . . .
5. Хоћемо ли играти тенис?
   . . . .
6. Хоћеш ли ми послати слике?
   . . . .

6. Was passt? Manchmal gibt es zwei Möglichkeiten.

1. Идем у суботу у Беч. Хоћеш са мном?

а) ☐ На жалост.
б) ☐ Жао ми је.
в) ☐ На жалост, не могу.

2. Колико дуго ћеш бити у Бечу?

а) ☐ Још не знам. Видећу.
б) ☐ Само преко викенда.
в) ☐ Много.

3. С ким идеш у Беч?

а) ☐ С мужем.
б) ☐ Авионом.
в) ☐ Аутобусом.

4. Како ти се свиђа Беч?

а) ☐ Јако је лепа.
б) ☐ Прелеп је.
в) ☐ Много ми се свиђа.

7. Bilden Sie Fragen!

1. **Ја** данас идем у Београд. *Хоћеш ли са мном?*
2. **Ми** сутра путујемо у Ниш. . . . .
3. **Дејан** и **Милан** иду на море. . . . .

8. Vervollständigen Sie die Tabelle!

N	**ja**	**ti**	**on, ono**	**ona**	**mi**	**vi, Vi**	**oni, one**
I		*тобом*	*њим*				*њима*

9. Ersetzen Sie die Nomen durch Personalpronomen!

1. Ја не причам с тобом, него с **Марком**.

   Ја не причам с тобом, него с њим.

2. Ја не причам с тобом, него са **Сањом**.

. . . .

3. Ја не причам с вама, него с **Аном** и **Николом**.

. . . .

4. Ја не причам с њима, него с **тобом** и **Данилом**.

. . . .

Lektion 20

На аеродрому (Im dem Flughafen)

1. Was passt? Ordnen Sie zu! (Einige Begriffe bleiben übrig.)

торба • авион • пасош • путник • пилот • аеродром • стјуардеса • чек-ин шалтер

а)	б)	в)	г)	д)

. . . .	. . . .	. . . .	. . . .	. . . .

Stewardess д
Passagier

2. Nominativ oder Vokativ? Kreuzen Sie an!

1.	Ја се зовем Стеван.	☐ Номинатив	☐ Вокатив
2.	Добар дан, професоре!	☐ Номинатив	☐ Вокатив
3.	Како си, пријатељу?	☐ Номинатив	☐ Вокатив
4.	Зорица је добра девојка.	☐ Номинатив	☐ Вокатив
5.	Јеси ли гладна, Милице?	☐ Номинатив	☐ Вокатив
6.	Је ли Данило твој брат?	☐ Номинатив	☐ Вокатив
7.	Ћао, брате! Како си?	☐ Номинатив	☐ Вокатив

3. Vervollständigen Sie!

1. Зоран

☐ . . . ., молим те дај ми чашу воде.

■ Драго ми је. Ја сам . . . .

2. Милица, другарица, Немања

□ Ово је . . . ., моја . . . .

■ Ево одмах.

3. син

□ Ћао, ...! Шта радиш?

■ Ништа посебно. Гледам телевизију.

4. пријатељ

□ Како си, ...?

■ Добро. Како си ти?

5. господин Станић, Предраг Станковић

□ Добар дан! Јесте ли Ви . . . .?

■ Не. Моје име је . . . .

6. господин Станић, госпођа Николић

□ Добро јутро, ...!

■ О, добро јутро, ...!

7. професор, колегиница

□ . . . ., имам једно питање.

■ Питајте, ...

8. Сања

□ Драга . . . ., како сте?

■ Хвала на питању, добро. Како сте Ви?

4. Welche Frage passt? Ordnen Sie zu!

Где могу да обавим чек-ин?	Колико траје лет од Београда до Цириха?
Колико кошта авионска карта од Београда до Цириха?	
Када лети авион за Цирих?	До када могу да откажем лет?

1. ■ . . . .
   □ Сваки дан, у 15.30.

2. ■ . . . .
   □ 122 Еура у једном смеру (in einer Richtung)

3. ■ . . . .
   □ На шалтеру или путем интернета.

4. ■ . . . .
   □ 1 сат и 55 минута.

5. Welche Form ist richtig? Kreuzen Sie an!

1. Како си, ...?
   а) стриц б) стрицу в) стриче
2. Где си, ...?
   а) ујака б) ујаче в) ујак
3. Како си, стари . . . .?
   а) другу б) друга в) друже
4. Дуго те нисам видела,. . . . .
   а) Предрагу б) Предрага в) Предраже
5. Не љути се, ...!
   а) човече б) човеку в) човек

6. Erledigen Sie die folgenden Aufgaben.

6.1 Ergänzen Sie die Pluralformen im Nominativ!

1. рођак (Verwandter) . . . .
2. путник (Passagier) . . . .
3. момак (Junge) . . . .
4. излог (Schaufenster) . . . .
5. лешник (Haselnuss) . . . .
6. орах (Walnuss) . . . .

6.2 Setzen Sie die passenden Pluralformen aus 6.1 ein! Vorsicht: Manchmal passt der Instrumental.

1. Филип и Никола су лепи . . . .
2. Моле се . . . . да у авиону носе маске (eine Maske tragen).
3. Ово су Милена и Милан, моји . . . . са села.
4. Молим те, купи ми чоколаду с . . . .
5. Волим да једем торту с . . . .

7. Verbinden Sie die Satzteile!

1.	Како си, Новаче? Нисам	. . .	а) твоји рођаци?
2.	Госпођо Марковић, јесте	. . .	б) колико је сати?
3.	Стјуардеса разговара	. . .	в) те дуго видела.
4.	Предраже, јесу ли ово	. . .	г) «Човече, не љути се».
5.	Извините младићу,	. . .	д) с путницима.
6.	Мој син воли да игра	. . .	ђ) ли добро?

8. Aufgabe zum Dialog (Lehrbuch, S. 137 f.). Richtig oder falsch? *Тачно* (т), *нетачно* (н).

1. Штефи путује у Берлин авионом Луфтханзе. ☐ т ☐ н
2. Авион полеће с аеродрома Никола Тесла у 9 сати увече. ☐ т ☐ н
3. На аеродром су дошли Немања, Милица и Марко. ☐ т ☐ н
4. После је Марко отишао у продавницу. ☐ т ☐ н
5. Кога је тамо срео? . . . .

9. Antworten Sie sinngemäß!

1. Куда путујеш? . . . .
2. Када путујеш? . . . .
3. Како (Чиме) путујеш? . . . .
4. С ким путујеш? . . . .

Test 3

HI

1. Hören Sie die Durchsagen und entscheiden Sie, welche Antwort richtig ist! (Sie hören jede Durchsage nur einmal.)

1. Када полази воз за Нови Сад?
   а) у 05. 48 – б) у 15. 48 – в) у 13. 46
2. С ког перона полази аутобус за Смедерево?
   а) Са перона 203 – б) Са перона 401 – в) Са перона 411
3. Колико касни авион из Франкфурта?
   а) 20 минута – б) 15 минута – в) 10 минута
4. На који аеродром ће слетети авион?
   а) На аеродром у Београду. – б) На аеродром у Нишу.

2. Тачно или нетачно? Lesen und entscheiden Sie, ob die Antwort richtig oder falsch ist!

> Ћао Душане,
>
> управо сам купила карте за биоскоп. Чекам те у пола осам испред blagajne (Kasse).
>
> Поздрав (Gruß)
> Ивана

1. Ивана и Душан иду вечерас у биоскоп. ☐ т ☐ н
2. Филм почиње у 19. 30. ☐ т ☐ н

> Ћао Стефане,
>
> на жалост нећемо сутра доћи на журку. Петар је отишао у Ниш, а ја увече путујем на семинар у Беч.
>
> Поздрав свима
> Зорица

1. Стефан сутра слави рођендан. ☐ т ☐ н
2. Петар и Зорица неће доћи на његову журку. ☐ т ☐ н

3. Петар сутра путује у Ниш. ☐ т ☐ н
4. Зорица је отишла на семинар у Беч. ☐ т ☐ н

3. Lesen Sie den Text und füllen Sie das Formular aus!

Госпођа Светлана Мирковић станује у Београду, а ради као професорка на универзитету у Новом Саду. Сваког дана путује на посао Интер Сити возом. Њен вереник (Verlobter), господин Слободан Петровић, живи и ради у Београду. По занимању је лекар.

ПОЛ:	☐ МУШКО ☐ ЖЕНСКО
ИМЕ:	. . . .
ПРЕЗИМЕ:	. . . .
УЛИЦА И БРОЈ:	*Балканска улица 15*
ГРАД:	. . . .
МЕСТО И ГОДИНА РОЂЕЊА:	*Смедерево, 1971.*
ЗАНИМАЊЕ:	. . . .

4. Wählen Sie ein Thema aus und berichten Sie!

Пре пар дана / Јуче / У суботу сам био / била с ... у ...

а) биоскоп

б) ресторан

в) излет

г) бутик

5. Welche Antwort ist richtig? Kreuzen Sie an!

1. Молим те, немој се …. на мене.
   а) љутиш б) љутите в) љутити

2. Да ли волиш ову песму? – Да, јако …. волим.
   а) је б) ју в) га

3. Господин и госпођа Мирковић су сели за сто и …. кафу.
а) наручио б) наручиле в) наручили

4. Госпођа Ломпар је …. моја професорка.
а) био б) била в) били

5. Како су Ана и Никола? Дуго нисам био код …. .
а) их б) њега в) њих

6. Кажи сине, шта си данас ….?
а) јела б) јеле в) јео

7. О коме причаш?
а) о филму б) о томе в) о њему

8. Лепо …. стоји ова кошуља.
а) Вам б) Ваш в) Вас

9. Молим …. кафу с …. .
а) Вам, млеко б) Вас, млека в) Вас, млеком

10. Идем на излет у Беч. Хоћеш са ….?
а) нама б) мном в) њом

11. Данас немам новаца. ... сутра.
а) Платићу б) Платитићу в) Платим

12. Добар дан, ….! Како сте?
а) господин Марковић б) господину Марковићу в) господине Марковићу

6. Ergänzen Sie das fehlende Wort!

1. кувати: кувар конобарисати: . . . .
2. пиће: пити јело: . . . .
3. ресторан: конобарица продавница: . . . .
4. радити: дан спавати: . . . .
5. коло: играти труба: . . . .

Lösungsschlüssel

Vorlektion

1. 1. b; 2. z; 3. dž; 4. đ; 5. nj; 6. v
2. Tanja, Ljiljana, Stevan, Zoran
3. 1. Dijana, Tijana; 2. Džamić, Čavić; 3. Ćirić, Đoković; 4. Stanko, Predrag; 5. Zorica, Sanja; 6. Miloš, Žarko
4. 1. Hajnrih Hajne; 2. Artur Šnicler; 3. Zigfrid Lenc

Lektion 1

1. a) Dobro jutro! b) Dobar dan! c) Dobro veče!
2. **m**: gospodin, dan, muž, drug; **f**: žena, drugarica, gospođa; **n**: veče, jutro, dete, ime
3. 1. c 2. e 3. d 4. b 5. a
4. 1. ćao; 2. gospođa; 3. ime

Lektion 2

1. 1. Hvala, dobro je. 2. Ja sam dobro, a ti? 3. Hvala bogu, dobro smo. 4. Nikola, a ti?
2. 1. Mi smo dobro, 2. a kako ste vi? 3. One su dobro. 4. Oni su loše.
3. 1. c; 2. b; 3. c; 4. b; 5. c; 6. a; 7. b; 8. a
4. 1. Nemanja 2. drugarica 3. Srbija 4. Ćao! 5. mi 6. ja
5. 1. a; 2. a; 3. a; 4. b; 5. a; 6. b; 7. a
6. 1. Ja sam Mihajlo, a ovo je moja žena Melanija. 2. Ja sam Svetlana, a ovo je moja drugarica Vesna. 3. Ja sam Marija, a ovo je moj drug Dejan. 4. Ja sam Dejan, a ovo je moja tetka Zorica.
   5. Ja sam Milica, a ovo je moj muž Nemanja. 6. Ja sam Ja sam Milena, a ovo je moj profesor.

Lektion 3

1. 1. žene; 2. sobe; 3. cimerke; 4. kuhinje; 5. profesor; 6. balkon; 7. drug; 8. kupatila; 9. muževi; 10. stanovi
2. 1. b; 2. a, b; 3. a, b; 4. a; 5. b; 6. a, c
3. 1. soba, f; 2. kupatilo, n; 3. kuhinja, f; 4. hodnik, m
4. 1. lep; 2. dobar; 3. lepa; 4. dobro
   1. mala; 2. malo; 3. velik; 4. lepa
   1. lepe; 2. veliki; 3. dobre; 4. male
5. 1. e; 2. a; 3. c; 4. d; 5. b
   Dobro und loše antworten auf die Frage Kako si.
6. 1. tamo; 2. gde; 3. dobro; 4. kupatilo
7. 1. Kako ste? 2. Ko je to? 3. Gde je kupatilo? 4. Kako je Ana? 5. Šta je to? 6. Kako se zoveš?

8. 1. balkon; 2. ovde; 3. mačak; 4. dobro
9. 1. dan, ime, je, dobra; 2. kuhinja, velika, Tamo

Lektion 4

1.1 a) muž; b) dete; c) kuća; d) kupatilo; e) telefon; f) mačka

1.2 a) Ovo je moj muž. b) Ovo je moje dete. c) Ovo je moja kuća. d) Ovo je moje kupatilo.
e) Ovo je moj telefon. f) Ovo je moja mačka.

2. 1. Kako je tvoj drug Nemanja? (Dobro.) 2. Kako je tvoja tetka Milica? (Onako.) 3. Kako je tvoj brat Darko? (Loše.) 4. Kako je tvoja žena Ana? (Nije loše.) 5. Kako je tvoje dete? (Hvala bogu, dobro je.)
3. 1. Njeno, njen, njena; 2. Njegovo, njegova, njegov
4. 1. Tvoja drugarica Ana. 2. Kod kuće. 3. Jeste. 4. Jesam 5. Dobro. 6. Laku noć!
5. 1. Jesam. 2. Jesam. 3. Jesmo. 4. Jesam. 5. Jesam. 6. Jeste.

6.1 **f Pl.**: cimerke, mačke; majke; sestre
m Pl.: drugovi, muževi

6.2 1. /, prijatelj; 2. a, prijateljica; 3. e, drugarice; 4. /, mačak; 5. e, cimerke; 6. a, žena; 7. /, muž; 8. /, prijatelj; /, otac

7. 1. Je, Jeste. 2. Je, Jeste. 3. Jesu, Jesu. – 1. Jesi, Jesam. 2. Je, Jeste 3. Jeste, Jesmo.

Lektion 5

1. 1. moja čaša, moja flaša; 2. tvoje kupatilo, tvoj stan; 3. njegova žena, njegovo dete; 4. njen muž, njeno dete; 5. njihova sestra, njihov brat; 6. naše kuće, naši stanovi; 7. vaši drugovi, vaše drugarice; 8. Vaše ime, Vaše prezime
2. 1. Kako je tvoja tetka Zorica? Kako je Vaša tetka Zorica? 2. Kako je tvoj brat Danilo? Kako je Vaš brat Danilo? 3. Kako je tvoj otac? Kako je Vaš otac? 4. Kako je tvoja majka? Kako je Vaša majka?
3. 1. njegov; 2. njegova; 3. njihova; 4. njen; 5. moj, naši; 6. njihovo; 7. vaša
4. 1. sto, m; 2. novčanik, m; 3. olovka, f; 4. mobilni (telefon), m; 5. čaša, f; 6. stolica, f
5. 1. Čiji je ovo mobilni? – Sanjin. 2. Čiji je ovo punjač? – Anin. 3. Čiji je ovo novčanik? – Ivanov. 4. Čija je ovo torba? – Moja. 5. Čija je ovo čaša? – Vaša. 6. Čije su ovo flaše? – Stefanove. 7. Čiji su ovo papiri? – Andrejevi. 8. Čija je ovo šolja? – Tvoja.
6. 1. a, c; 2. b; 3. a, c; 4. b
7. 1. otac; 2. majka; 3. sestra, brat; 4. sin; 5. ćerka
8. 1. n ; 2. n; 3. t; 4. t
9. a) Nije. b) Jeste. c) Nije. d) Jeste. e) Nisu. f) Nije.
10. 1. (Jasmina.); 2. (Jesam.); 3. (Nije.); 4. (Nije.); 5. (Jesam.)

Lektion 6

1. Sg.: (ja) hoću; (on, ona, ono) hoće, neće
   Pl.: (vi) nećete; (oni, one, ona) hoće, neće
   höfl. Anrede: (Vi) nećete
2. 1. neću; 2. hoću; 3. Hoćemo; 4. nećemo; 5. Hoću; 6. neću
3. 1. Akkusativ; 2. Nominativ; 3. Akkusativ; 4. Akkusativ; 5. Nominativ; 6. Akkusativ; 7. Nominativ
4. 1. čaša; 2. čaj; 3. kafa; 4. sok
5. Ceca, 30 .... 1. neće stan, hoće kuću; 2. neće prijatelja, hoće muža; 3. neće mačku, hoće dete
   Ivan, 21 .... 1. neće kuću, hoće stan; 2. neće cimera, hoće cimerku; 3. neće ženu, hoće devojku
   Aleksandar, 4 und Stefan, 6 .... 1. neće brata, hoće sestru
6. 1. telefon m; 2. broj m; 3. stan m; 4. trenutak m; 5. vreme n; 6. agencija f
7. 1. a, c; 2. a, b; 3. c; 4. b
8. a) 5; b) 3; c) 2; d) 8; e) 4 ; f) šest; g) deset; h) jedan; i) sedam; j) devet
9. 1. šest; 2. deset; 3. dva; 4. sedam; 5. devet; 6. jedan; 7. osam

Lektion 7

1. **Sg.**: (ja) ću, neću; (ti) hoćeš, nećeš; (on, ona, ono) će
   Pl.: (mi) ćemo, hoćemo; (vi) hoćete, nećete; (oni, one, ona) će, hoće, neće
   höfl. Anrede: (Vi) hoćete

2.1 1. Hoćeš li kafu? 2. Hoćete li čaj? 3. Hoćete li pivo?

2.2 1. Ja ću rakiju. Šta ćete vi? 2. Ja ću sok. Šta ćeš ti? 3. Ja ću vino. Šta ćete Vi?

3. 1. Hoću kafu, neću čaj. 2. Hoću burek, neću picu. 3. Hoću pljeskavicu, neću ćevape. 4. Hoću vino, neću vodu.
4. 1. (Ja ću pljeskavicu.); 2. (Kafu.); 3. (Hvala, neću.); 4. (Ja ću čaj.)

5.1 **jela**: ćevapi, ražnjići, pljeskavica
pića: kisela voda, sok, pivo, rakija, mleko
posuđe: čaša, šolja, tanjir, viljuška

5.2 1. (Ja ću ćevape. Šta ćeš ti?); 2. (Hoćeš li sok?); 3. (Molim kafu.); 4. (Je li ovo moja šolja?); 5. (Gde su čaše?)

6. 1. Dobar dan, izvolite. 2. Dobar dan, ja sam M. N. Imam za danas rezervisanu sobu. 3. Samo trenutak, Vaš pasoš molim. 4. Izvolite. 5. Hvala.
7. a) Izvolite ključ. Soba broj šesnaest, prvi sprat levo. b) Izvolite ključ. Soba broj dvanaest, prvi sprat levo. c) Izvolite ključ. Soba broj sedamnaest, prvi sprat levo. d) Izvolite ključ. Soba broj jedanaest, prvi sprat desno. e) Izvolite ključ. Soba broj devetnaest, prvi sprat desno. f) Izvolite ključ. Soba broj dvadeset, prvi sprat desno.
8. a) 5; b) 7; c) 2; d) 10; e) 6; f) 13; g) 14; h) 15; i) 20; j) 18
9. 1. ime, hotel, stan, zato; 2. burek, mleko, ništa

Test 1

1. 1. n; 2. n; 3. t; 4. n
2. 1. c; 2. b; 3. c,
3. (Ja sam Jasmina. Moj otac se zove Branko, a moja majka se zove Anka. Imam sestru. Njeno ime je Biljana.)

4.1 Ja sam Jasmina Pavković. Moj broj telefona je 030 5512 634.

4.2 a) (Čija je ovo kuća? – Moja.) b) (Je li ovo tvoj mobilni? – Jeste.) c) (Je li ovo tvoja torba? – Nije. d) (Čiji je ovo novčanik?)

5. 1. c; 2. c; 3. a; 4. c; 5. c; 6. b; 7. b; 8. a; 9. b; 10. c; 11. b; 12. a
6. 1. jutro, Kako; 2. ime, zoveš; 3. Ko, cimerka; 4. tvoj, Markov 5. Izvinite; Vaša, nije; 6. pivo, hvala

Lektion 8

1. **m**: radio, film, ručak, pasulj, posao; **f**: knjiga, muzika, televizija, kuhinja, kuća; **n**: piće, jelo
2. 1. spremati; 2. imati; 3. morati; 4. kuvati; 5. gledati; 6. čitati; 7. slušati; 8. spavati; 9. peglati; 10. znati
3. 1. a; 2. c; 3. c; 4. b; 5. b; 5. a; 6. b; 7. b
4. 1. Spavam. Ne spavam. 2. Jesam. Nisam. 3. Znam. Ne znam. 4. Moram. Ne moram. 5. Hoću. Neću. 6. Imam. Nemam.
5. 1. (Ana i Nikola gledaju televiziju.); 2. (Sanja gleda film.); 3. (Profesor Ilić čita knjigu.); 4. (Stanko i Marko slušaju muziku.); 5. (Gospođa Stanić spava.); 6. (Ivanova žena kuva pasulj.); 7. (Ti kuvaš kafu.); 8. (Vi slušate radio.); 9. (Holger i ja spremamo ručak.)
6. 1. slušati; 2. piti; 3. filmovi; 4. spavati; 5. čitam; 6. mama; 7. gospođa; 8. gde
7. 1. n; 2. t; 3. t; 4. n; 5. n
8. 1. Ništa posebno. A ti? 2. Ne znam. Valjda spava.; 3. Pasulj. 4. Novine. 5. Može. 6. Malo kasnije.
9. 1. sedam; 2. tri; 3. trinaest; 4. šesnaest, sedamnaest; 5. osam, sedam; 6. osamnaest, devetnaest; 7. četiri, pet; 8. jedanaest, deset

Lektion 9

1.1 1. idem, dođem; jedem 2. ideš, hoćeš; 3. dođe, može; 4. jedemo; 5. pijete; 6. kažu, putuju, piju

1.2 1. ići, doći, jesti; 2. ići, hteti; 3. doći, moći; 4. jesti; 5. piti; 6. kazati, putovati, piti

2. 1. pije, pijem; 2. ideš; 3. piješ; 4. jedu; 5. jedem; 6. jedemo; 7. idem; 8. idu; 9. idete; 10. pijemo
3. 1. Kada možete doći? 2. Kada možeš doći? 3. Kada možemo doći? 4. Kada mogu doći?
4. 1. Mi ne možemo doći danas; ali možemo doći sutra. 2. Ja ne mogu doći sada, ali mogu doći posle. 3. Ana ne može doći popodne, ali može doći uveče. 4. Mi ne možemo doći ujutru, ali možemo doći popodne. 5. Milica i Nemanja ne mogu doći u subotu, ali mogu doći u nedelju.

5. **Im Café**: 1. je, je; 2. pije, pije; 3. jede, jede; 4. putuje
Im Zug: 1. gleda; 2. sluša; 3. čita
6. 1. Kuda ide Marko? – U pekaru. 2. Kuda ide Marija? – U mesaru. 3. Kuda ide Mihajlo? – U prodavnicu. 4. Kuda idu Ana i Nikola. – Na pijacu.
7. 1. nedelja; 2. hotel; 3. sutra; 4. ići; 5. popodne
8. 1. na; 2. za; 3. u; 4. kod

Lektion 10

1. a) Srbija; b) Austrija; c) Italija d) Turska; e) Nemačka; f) Rusija g); Francuska; h) Mađarska
2. 1. Džon je iz Londona. 2. Mišel je iz Pariza. 3. Marko i Stanko su iz Beograda. 4. Janoš je iz Budimpešte. 5. Đina i Mauro su iz Italije. 6. Pablo je iz Španije. 7. Jan je iz Beča. 8. Milena i Ana su iz Srbije. 9. Takaši je iz Japana. 10. (Ja sam iz Novog Sada.)
3. 1. Drago mi je. Ja sam Filip. 2. Iz Berlina. 3. Medicinu. 4. Studiram 5. Ne, ja sam iz Minhena. 6. Fantastična.
4. 1. B: iz, A: iz; 2. A: kod; 3. B: kraj; 4. B: bez; 5. A: sa; 6. B: od
5. 1. Švedska; 2. Peking; 3. more; 4. Sarajevo; 5. Solun
6. 1. mleka; 2. šećera; 3. pomorandže; 4. vanilije
7. 1. ... se zoveš, Kako se zovete? 2. Imaš ..., Imate lepo ime. 3. Hoćeš ..., Hoćete pivo ili vino? 4. ... si; Odakle ste? 5. ... slušaš, Koju muziku slušate? 6. ... studiraš, Šta studirate? 7. ... stanuješ, Gde stanujete? 8. ... putuješ, Kada putujete u Beč?
8. a) Filip studira istoriju. b) Stevan studira geografiju. c) Zorica studira nemački. d) Milan studira medicinu. e) Darko i Ljiljana studiraju prava.

Lektion 11

1. 1. govorim; 2. govoriš; 3. govori; 4. govorimo; 5. govorite; 6. govore
2. 1. ćutati; 2. voleti; 3. radit; 4. videti; 5. učiti; 6. živeti; 7. ćutati; 8. govoriti; 9. učiti; 10. raditi
3. 1. c; 2. b; 3. c; 4. b; 5.b; 6. c
4. 1. Iz Berlina. 2. Slavistiku. 3. Nemački, srpski i ruski.; 4. Srpkinja.
5. b); c); e); f)
6. 1. Srbin, Srpkinja; 2. Mađar, Mađarica; 3. Grk, Grkinja; 4. Rus, Ruskinja; 5. Austrijanac, Austrijanka; 6. Nemac, Nemica; 7. Švajcarac, Švajcarkinja; 8. Italijan, Italijanka; 9 Francuz, Francuskinja; 10. Španac, Špankinja; 11. Japanac, Japanka; 12. Kinez, Kineskinja
7. a); c); e); h)
8. 1. četrdeset; 2. dvadeset; 3. pedeset; 4. šezdeset; 5. sto; 6. devedeset sedam
9. 1. Portugalac, godine, portugalski; 2. Poljak, godina, poljski; 3. Amerikanac, godina, engleski; 4. Ruskinja, godine, ruski; 5. Francuskinja, godina, francuski; 6. Engleskinja, godina, engleski; 7. Austrijanac, godina, nemački; 8. godine

10. 1. vina, vode, soka, mleka; 2. kafe, čaja, mleka; 3. pasulja, supe, mleka; 4. hleba, kafe, pasulja, šećera; 5. hleba, torte
11. 1. Vuka S. Karadžića; 2. Nikole Tesle 3. Mileve Marić

Lektion 12

1. 1. ponedeljak; 2. utorak; 3. sreda; 4. četvrtak; 5. petak; 6. subota; 7. nedelja
2. 1. U utorak, u dvanaest i trideset. 2. U ponedeljak, u deset. 3. U petak, u četrnaest i dvadeset.
4. U sredu, u šesnaest i četrdeset. 5. U četvrtak, u devet. 6. U subotu, u devetnaest i petnaest. 7. U nedelju, u osam i četrdeset pet.
3. 1. d; 2. c; 3. f; 4. a; 5. e; 6. b
4. 1. Ana hoće da pije čaj. 2. Ona neće da pije kafu. 3. Filip voli da jede ribu. 4. On ne voli da jede meso. 5. Ana i Ivan žele da kupe kuću. 6. Oni ne žele da kupe stan. 7. Ti i ja ne možemo da pričamo. 8. Mi moramo da radimo.
5. voće i povrće: krompir, jabuke, paradajz, banane; meso: šunka, kobasica; šnicla; mlečni proizvodi: mleko, sir, jogurt, maslac; slatkiši: čokolada, keksi, bombone pića: mleko, pivo, vino, sok, čaj
6. a) 200; b) 300; c) 500; d) 800; e) 600; f) 900; g) 700; h) 400
7. 1. dvesta; 2. četiristo; 3. trista; 4. šesto; 5. sto pedeset; 6. dvesta pedeset;
8. kilo šećera, dva litra mleka, deset jaja, petsto grama brašna, kilo banana, dve čokolade za kuvanje
9. flašu vina, sir, kulen, pomorandže
10. 1. Kupi / Kupite (banane)! 2. Jedi / Jedite (picu)! 3. Pij / Pijte (čaj)! 4. Kuvaj / Kuvajte (pasulj)! 5. Čitaj /čitajte (novine)! 6. Gledaj / Gledajte (film)! 7. Slušaj / Slušajte (džez)! 8. Budi / Budite (ovde)! 9. Dođi / Dođite (sutra)!
11. 1. Nemoj / Nemojte jesti slatkiše! 2. Nemoj / Nemojte piti koka kolu! 3. Nemoj / Nemojte gledati televiziju! 4. Nemoj / Nemojte ćutati! 5. Nemoj / Nemojte vikati! 6. Nemoj / Nemojte ići tamo!

Lektion 13

1. 1. Evo pijem kafu. 2. Dobro, a ti? 3. U vozu, a ti? 4. Važi.
2. kuvar, kuvarica; konobar, konobarica; prodavač, prodavačica; profesor, profesorka; clekar, lekarka; apotekar, apotekarka; novinar, novinarka; pekar, pekarka; student, studentkinja; fotograf, fotografkinja
3. 1. iz, iz, u; 2. po; 3. iz, kao; 4. Po, u, kao, u
4. **Kuda ideš?** 1. Idem prijatelju. 2. Idem drugu. 3. Idem drugarici. 4. Idem lekaru. **O kome, o čemu pričaš?** 1. Pričam o prijateljici. 2. Pričam o filmu. 3. Pričam o Marku. 4. Pričam o Ani.
5. **Gde si?** 1. U Beogradu. 2. U Srbiji 3. U Nemačkoj. 4. U Francuskoj. 5. U Austriji. 6. U Japanu. 7. U gradu. 8. Na selu. 9. Na ulici. 10. Na moru.

Kuda ideš? 1. U Beograd. 2. U Srbiju 3. U Nemačku. 4. U Francusku. 5. U Austriju. 6. U Japan. 7. U grad. 8. Na selo. 9. Na ulicu. 10. Na more.

6. 1. c; 2. c; 3. b; 4. b; 5. a
7. 1. sam, ste, (Iz Minhena.); 2. živim, živite, (U Berlinu.); 3. radim, radite, (U Potsdamu.); 4. putujem, putujete, (U Frankfurt.); 5. sam, (Ja sam Jasmina.)

Lektion 14

1. **1. Spalte**: 1. Ja se tuširam. On se tušira. 2. Ti se kupaš. Ona se kupa. 3. Ona se češlja. One se češljaju. 4. On se brije. Oni se briju. 5. Ja se brišem. Mi se brišemo. 6. Ti se pereš. Vi se perete. 7. Oni se oblače. One se oblače.
   2. Spalte: 1. Tuširam se. Tušira se. 2. Kupaš se. Kupa se. 3. Češlja se. Češljaju se. 4. Brije se. Briju se. 5. Brišem se. Brišemo se. 6. Pereš se. Perete se. 7. Oblače se. Oblače se.
2. 1. d; 2. g; 3. b; 4. e; 5. a; 6. h; 7. f; 8. c
3. 1. Moram se tuširati. 2. Moram prati kosu. 3. Moram prati zube. 4. Moram se brisati. 5. Moram se brijati 6. Moram se češljati 7. Moram se šminkati.
4. 1. Moram da se tuširam. 2. Moram da perem kosu 3. Moram da perem zube. 4. Moram da se brišem. 5. Moram da se brijem. 6. Moram da se češljam. 7. Moram da se šminkam.
5. 1. po; 2. na; 3. u; 4. o
6. 1. Danas idem prijateljima. 2. Sutra idem prijateljicama. 3. Pričamo o filmovima. 4. U selima nema struje. 5. U gradovima nema vode. 6. Na ulicama nema ljudi.
7. a) Na balkonu. Puši. b) U sobi. Spava. c) U kuhinji. Kuva. d) U kupatilu. Tušira se.
8. 1. t; 2. n; 3. n; 4. t; 5. t
9. 1. Gde si? – U Berlinu. • Kuda ideš posle? – U Minhen. 2. Gde si? – U Italiji. • Kuda ideš posle? – U Nemačku. 3. Gde si? – U Mađarskoj. • Kuda ideš posle? – U Srbiju. 4. Gde si? – U prodavnici. • Kuda ideš posle? – Na pijacu. 5. Gde si? – Na svadbi. • Kuda ideš posle? – Na slavu.

Test 2

1. 1. b; 2. c; 3. b; 4.a; 5. c

2.1 1. c; 2. a; 3. d; 4. /; 5. b; 6. /

2.2 Dušan ima dvadeset dve godine. Zorica ima dvadeset četiri godine. Đorđe ima četrdeset pet godina. Đorđo ima trideset godina. Laslo ima pedeset dve godine.

3. (Ovo je moj prijatelj, Igor Stanković. Igor je iz Beograda. Ima 28 godina i po zanimanju je kuvar. U slobodno vreme čita knjige.)
4. a) (Izvinite, do kad radi prodavnica? – Do 20. 00 sati.); b) (Hoćete li kafu? – Ne, hvala.); c) (Izvinite, koliko je sati? – Tačno je devet.); d) (Molim 200 g sira. – Izvolite. Želite li još nešto?) e) (Gde je moj češalj. – U kupatilu.)
5. 1. b; 2. a; 3. b; 4. c; 5. c; 6. c; 7. a; 8. b; 9. b; 10. b; 11. c; 12. c
6. 1. jelo; 2. piće; 3. grad; 4. država; 5. jezik

Lektion 15

1.1 **m**: kapućino, čaj, sok, kolač; **f**: kafa, voda, rakija, jabuka, čaša, šolja; **n**: vino, pivo, parče

1.2 1. kolač; 2. čaj; 3. jabuka; 4. sok; 5. parče; 6. čašu

2. 1. Dobar dan, izvolite! 2. Dobar dan. Molim Vas jedan kapućino i čašu vode. 3. U redu. Šta ćete Vi? 4. Ja ću kafu i sok od pomorandže. 5. Je li to sve? Želite li nešto za jelo? 6. Ne, hvala.

3. 1. tebe; 2. ju; 3. me; 4. njega, tebe; 5. njega, mene

4. 1. … Milan voli mene. 2. … Milica voli tebe. 3. … Boris voli nju. 4. … Zorica voli njega. 5. … Ana ne voli Vas.

5. 1. Zašto ga ne jedeš? 2. Zašto ga ne piješ? 3. Zašto ga ne gledaš? 4. Zašto ju ne pevaš / slušaš?

5. Zašto ju ne čitaš? 6. Zašto me ne slušaš?

6. 1. Akkusativ; 2. Akkusativ; 3. Akkusativ; 4. Genitiv

7. 1. a, c; 2. c; 3. b, c; 4. b

8. **Du – Form**: 1. Kupaj se! Nemoj se kupati! Nemoj da se kupaš! 2. Tuširaj se! Nemoj se tuširati! Nemoj da se tuširaš! 3. Brij se! Nemoj se brijati! Nemoj da se briješ! 4. Ljuti se! Nemoj se ljutiti! Nemoj da se ljutiš!
   Sie – Form: 1. Češljajte se! Nemojte se češljati! Nemojte da se češljate! 2. Umivajte se! Nemojte se umivati! Nemojte da se umivate! 3. Brišite se! Nemojte se brisati! Nemojte da se brišete!

9. 1. češljaj se; 2. ljuti se; 3. šminkajte se; 4. oblačite se; 5. se brinuti; 6. se kupate; 7. se ljutiš

Zwischenlektion

3. 1. тако - тако; 2. атом - атом; 3. to - то; 4. Ema - Ема; 5. ko – ко

6. **weibliche Namen**: Ана, Ева, Уна, Јасна
   männliche Namen: Марко, Ратко, Новак, Вук, Стеван

8. Лаки, Пера, Цезар, Боби, Шарко, Миђа, Фиђа

9. 2 јаја, 1 јогурт, 300 г брашна, 150 г шећера; 2 јабуке; ½ шоље уља

10. Ово је Андреј Родионов. Он је из Москве, а живи и ради у Београду. По занимању је информатичар. Говори руски, српски и енглески.

11. Ово је Вера Пешић, моја другарица из Ниша. По занимању је лекарка и има једног сина. Вера говори српски, енглески и шпански.

12. НИШ, НОВИ САД, БЕОГРАД, СУБОТИЦА, КРАГУЈЕВАЦ, СМЕДЕРЕВО

Lektion 16

1. 1. в; 2. а; 3г; 4. д; 5б

2. 1. читати; 2. кувати; 3. слушати; 4. гледати; 5. причати; 6. пити; 7. бити; 8. певати; 9. говорити; 10. спавати

3. 1. пио, наручила; 2. читала, спремала, гледао, било

4. а) Он је кувао. б) Она је спвала. в) Он је читао. г) Она је писала.
5. 1. Ја сам учио / учила грчки. 2. Марија је учила румунски. 3. Мој брат је живео у Немачкој. 4. Ана и Милан су радили у Москви. 5. Љиљана и Зорица су студирале у Риму. 6. Ми смо данас били / биле у Београду. 7. Ти си становао / становала у Кнез Михаиловој.
6. 1. (Не, нисам била у Лондону.); 2. (Да, учила сам енглески.); 3. (Не, нисам живела у Мексику.); 4. (Не, нисам радила у Јапану.); 5. (Не, нисам студирала на Оксфорду.)
7. 1. девет; 2. осамнаест; 3. четрдесет; 4. осамсто; 5. пет хиљада
8. 1. ... хиљаду динара; 2. ... две хиљаде динара; 3. ... пет хиљада динара; 4. ... четири хиљаде динара
9. 1. н; 2. т; 3. т; 4. т; 5. н
10. **Akk**.: мене /ме; тебе / те; њега / га; **њу** / **ју**; нас; вас, Вас; њих / их
Gen.: мене /ме; тебе / те; њега / га; **ње** / **је**; нас; вас, Вас; њих / их
11. **Akk.**: 1. Нисам те дуго видео / видела. 2. Нисам вас / Вас дуго видео / видела. 3. Нисам их дуго видео / видела. 4. Нисам ју дуго видео / видела.
Gen.: 1. Нема те нигде. 2. Нема га нигде. 3. Нема је нигде. 4. Нема их нигде.

Lektion 17

1. 1. Добар дан. Јесте ли Ви госпођа Станић? 2. Јесам. Извините, а ко сте Ви? 3. Ја сам Валерија, Дејанова школска другарица. 4. Да, да. Сад се сећам. 5. Па како је Дејан? 6. Пуно ради, али добро је. 7. Много га поздравите. 8. Хоћу. Довиђења, Валерија. 9. Довиђења.
2. **Infinitiv**: ићи, доћи, отићи, моћи, помоћи, наћи, срести, јести
Partizip Perfekt: ишао, дошао, отишао, могао, помогао, нашао, срео, јео
3.1 1. (ја) сам дошао / дошла; 2. (Ана) је дошла; 3. (Марија) је нашла; 4. (Марко) није могао; 5. (ја) нисам могао / могла
3.2 1. (Стефан) је јео; 2. (Зорица) је јела; 3. (Ана и Никола) су срели; 4. (Ми) нисмо јели / јеле 5. (Ева) није отишла;
4. 1. Нисам никад читао / читала тако добру књигу. 2. Нисам никад гледао / гледала тако добар филм. 3. Нисам никад јео / јела тако добру пицу. 4. Нисам никад пио / пила тако добро вино. 5. Нисам никад срео / срела тако добру жену. 6. Нисам никад видео / видела тако добро дете.
5. 1. б; 2. б; 3. в; 4. в
6. 1. свирати; 2. јело; 3. дошао; 4. брат; 5. слушала
7. 1. Купи му лаптоп. 2. Купи јој мобилни. 3. Купи му бицикл. 4. Купи им лекове.
8. **Dat**., **Lok**.: мени / ми; теби / ти; њему / му; њој / јој; нама / нам; вама / вам, Вама / Вам; њима / им
9. 1. ми; 2. нам; 3. им; 4. јој; 5. теби; 6. њима

Lektion 18

1. а) Срећна Нова Година. б) Срећан Божић! в) Срећан Ускрс! г) Срећан рођендан!
3. 1. Кашиком. 2. Виљушком и ножем. 3. Сапуном и водом. 4. Пешкиром. 5. Чешљем. 6. Оловком. 7. Аутобусом.
4. 1. млеком; 2. шећером; 3. шлагом; 4. чоколадом; 5. јагодама; 6. малинама
5. 1. т; 2. т; 3. н; 4. н; 5. књигу и торту
6. 1. д; 2. г; 3. а; 4. б; 5. в
7. 1. Свађали су се. 2. Смејала се. 3. Љутио се. 4. Умивала сам се. 5. Туширао си се.
8. 1. Не, нисам се чешљала. 2. Не, нисам се купала. 3. Не, није се бријао 4. Не, није се шминкала. 5. Не, нисмо се туширали.
9. 1. Купи му бицикл. 2. Сат. 3. Код куће. 4. У Сокобању.
10. 1. посластичарница; 2. пити, 3. со; 4. спавати; 5. поврће

Lektion 19

1.1 1. **m**: викенд, месец, воз, аутобус, излет; **f**: недеља, година, слика, фотографија, труба; **n**: коло

1.2 1. Возом, аутобусом; 2. година; 3. трубу; 4. коло; 5. месецу; 6. излет; 7. недељу

2. 1. ће; 2. ћу; 3. ће; 4. ћеш; 5. ћемо; 6. ће
3. 1. Он неће ићи у продавницу. 2. Ја нећу кувати. 3. Она неће свирати. 4. Ти нећеш певати. 5. Ми нећемо причати. 6. Они неће играти шах.

4.1 1. г; 2. д; 3. а; 4. ђ; 5. в; 6. б

4.2 1. Отићи ћу у Минхен. 2. Путоваћу возом. 3. Радићу у фабрици. 4. Живећу с другом. 5. Вратићу се за три месеца. 6. Писаћу ти.

5. **1. Spalte**: 1. Да, доћи ћу у Београд. 2. Да, учићу српски. 3. Да, ићи ћемо на излет. 4. Да, причаћемо немачки. 5. Да, играћемо тенис. 6. Да, послаћу ти слике.

   2. Spalte: 1. Не, нећу доћи у Београд. 2. Не, нећу учити српски. 3. Не, нећемо ићи на излет. 4. Не, нећемо причати немачки. 5. Не, нећемо играти тенис. 6. Не, нећу ти послати слике.
6. 1. в; 2. а, б; 3. а; 4. б, в
7. 1. Хоћеш ли са мном? 2. Хоћеш ли с нама? 3. Хоћеш ли с њима?
8. Instr.: мном; тобом; њим; њом; нама; вама, Вама; њима

9 1. Ја не причам с тобом, него с њим. 2. Ја не причам с тобом, него с њом. 3. Ја не причам с тобом, него с њима. 4. Ја не причам с њима, него с вама.

Lektion 20

1. а) аеродром; б) авион; в) пилот; г) стјуардеса; д) путник

2. 1. Номинатив; 2. Вокатив; 3. Вокатив; 4. Номинатив; 5. Вокатив; 6. Номинатив; 7. Вокатив
3. 1. Зоране; 2. Милица, другарица, Немања; 3. сине; 4. пријатељу; 5.господин Станић, Предраг Станковић 6. господине Станићу, госпођо Николић; 7. Професоре, колегинице; 8. Сања
4. 1. Када лети авион за Цирих? 2. Колико кошта авионска карта од Београда до Цириха? 3. Где могу да обавим чек – ин? 4. Колико траје лет од Београда до Цириха?
5. 1. в; 2. б; 3. в; 4. в; 5. а
6.1 1. рођаци; 2. путници; 3. момци; 4. излози; 5. лешници; 6. ораси
6.2 1. момци; 2. путници; 3. рођаци; 4. лешницима; 5. орасима
7. 1. в; 2. ђ; 3. д; 4. а; 5. б; 6. г
8. 1. н; 2. н; 3. т; 4. т; 5, Бившу девојку.
9. 1. (У Истанбул.) 2. (Сутра у 4 поподне.) 3. (Авионом.) 4. (С мужем.)

Test 3

1. 1. б; 2. б; 3. в; 4. а
2. **Текст 1**: 1. т; 2. н ; **Текст 2**: 1. н; 2. т; 3. т; 4. н
3. **пол**: женско; **име**: Светлана; презиме: Марковић; **улица и број**: Балканска улица 15; **град**: Београд; **место и година рођења**: Смедерево, 1971.; **занимање**: професорка
4. (Пре пар дана сам била с другарицом у биоскопу. Гледале смо филм *Ко то тамо пева*[7]. Филм је био јако добар и ја сам баш уживала. После биоскопа смо отишле на пиће. Дуго смо причале.)
5. 1. в; 2. б; 3. в; 4. б; 5. в; 6. в; 7. в; 8. а; 9. в; 10. б; 11. а; 12. в
6. 1. конобар; 2. јести; 3. продавачица; 4. ноћ; 5. свирати

Hörübungen

Vorlektion

1. 1 b; 2 z; 3. dž; 4. đ; 5 nj; 6 v
2. Tanja; Ljiljana; Stevan; Zoran
3. 1. Dijana – Tijana 2. Džamić – Čavić 3. Ćirić – Đoković 4. Stanko – Predrag 5. Zorica – Sanja 6. Miloš – Žarko

7 *Ko to tamo peva? (Wer singt denn da?)* Film aus dem Jahr 1980; R: Slobodan Šijan, G: schwarze Komödie

Lektion 7

8. a) 5; b) 7; c) 2; d) 10; e) 6; f) 13; g) 14; h) 15; i) 20; j) 18

Test 1

Hörtext 1

■ Ćao, Stefan ovde. Je li Tanja tu?

□ Jeste. Momenat.

Hörtext 2

■ Jao, kakvo ružno vreme!

□ Da, baš je ružno.

Hörtext 3

■ Ja sam Stanko. Moj broj telefona je 065 8641327.

□ U redu. Čujemo se.

Hörtext 4

■ Kako se zove ovaj pas?

□ Mile.

◇ av, av

■ Mnogo je lep.

Test 2

Hörtext 1

■ Šta da kupim?

□ Kupi kilo hleba, 2 kifle i burek.

■ Dobro.

Hörtext 2

■ Dobro veče, izvolite!

□ Ja ću belo vino. Šta ćete vi?

○ Ja ću pivo.

● I za mene pivo, molim!

Hörtext 3

■ Ćao, kad dolaziš?
□ Sutra.
■ U koliko sati?
□ U 12.20
■ Dobro čekam te na stanici.

Hörtext 4

■ Ćao, šta radiš?
□ Upravo ručam. A ti?
■ Ja sam u X baru. Hajde dođi na piće!
□ Evo me za pola sata.

Hörtext 5

■ Putuješ nekud?
□ Da, idem idem stricu u Suboticu.
■ Kad se vraćaš?
□ U ponedeljak.

Zwischenlektion

11. Ово је Вера Пешић, моја другарица из Ниша. По занимању је лекарка и има једног сина. Вера говори српски, енглески и шпански.

Test 3

Hörtext 1

Brzi voz za Novi Sad preko Novog Beograda, Batajnice, Inđije i Stare Pazove stoji na 1. peronu, drugom koloseku. Polazi u 15 sati i 48 minuta.

Hörtext 2

Autobus za Smederevo polazi u 13 sati 25 minuta sa perona 401.

Hörtext 3

Er Srbija obaveštava da će avion na letu 323 iz Frankfurta kasniti 10 minuta u sletanju.

Hörtext 4

Poštovani putnici! Za nekoliko minuta slećemo na aerodrom Nikola Tesla. Molimo Vas da vežete pojaseve i ostanete na svom mestu. Hvala!